阅读中国·外教社中文分级系列读物

Reading China SFLEP Chinese Graded Reader

U0558610

总主编 程爱民

文学故事

Stories from Chinese Literature

四级主编 刘 影

编 者 沈灿淑
孙素行

四级
2

上海外语教育出版社
外教社 SHANGHAI FOREIGN LANGUAGE EDUCATION PRESS

每个学习外语的人在学习初期都会觉得外语很难，除了教材，其他书基本上看不懂。很多年前，我有个学生，他大学一年级时在外语学院图书室帮忙整理图书，偶然看到一本《莎士比亚故事集》，翻了几页，发现自己看得懂，一下子就看入了迷。后来，他一有空就去图书室看那本书，很快看完了，发现自己的英语进步不少。其实，那本《莎士比亚故事集》就是一本牛津英语分级读物。这个故事告诉我们，适合外语学习者水平的书籍对外语学习有多么重要。

英语分级阅读进入中国已有几十年了，但国际中文分级教学以及分级读物编写实践才刚刚起步，中文分级读物不仅在数量上严重不足，编写质量上也存在许多问题。因此，在《国际中文教育中文水平等级标准》出台之后，我们就想着要编写一套适合全球中文学习者的国际中文分级读物，于是便有了这套《阅读中国·外教社中文分级系列读物》。

本套读物遵循母语为非中文者的中文习得基本规律，参考英语作为外语教学分级读物的编写理念和方法，设置鲜明的中国主题，采用适合外国读者阅读心理和阅读习惯的叙事话语方式，对标《国际中文教育中文水平等级标准》，是国内外第一套开放型、内容与语言兼顾、纸质和数字资源深度融合的国际中文教育分级系列读物。本套读物第一辑共36册，其中，一—六级每级各5册，七—九级共6册。

读万卷书，行万里路，这是两种认识世界的方法。现在，中国人去看世界，外国人来看中国，已成为一种全球景观。中国历史源远流长，中国文化丰富多彩，中国式现代化不断推进和拓展，确实值得来看看。如果你在学中文，对中国文化感兴趣，推荐你看看这套《阅读中国·外教社中文分级系列读物》。它不仅能帮助你更好地学习中文，也有助于你了解一个立体、真实、鲜活的中国。

程爱民

2023 年 5 月

目录

1 《论语》故事两则

 　　不耻下问

　　春秋时期，卫国有个名人叫孔圉（Kǒng Yǔ），他聪明好学，又十分谦虚。在他去世后，卫国的国王为了表扬他，也为了让人们学习他的精神，送给了他一个"文"的称号，所以，后来人们就尊称他为"孔文子"。

　　孔子（Kǒngzǐ）有个学生叫子贡，他想："孔圉虽然是一个优秀的学者，但还有很多比他更优秀的人，只单独把他一个人称为'孔文子'，这个评价是否太高了呢？"他想来想去，还是不能理解，就去问老师孔子。

　　子贡问道："老师，虽然孔圉学问很高，但比他学问更高的人多的是，他并没有什么了不起，为什么只有他获得了'文'的称号？"

　　孔子笑了笑，回答说："可见子贡你还是不了解他。把孔圉称为'孔文子'，并不只是因为他的学问有多么高。他身上最宝贵的一点是，如果有任何不懂的事情，即使对方的地位或学问不如自己，他都会大方而谦虚地向对方请教，一点儿都不感到丢面子。这样的品质又有几个人能有呢？叫他'孔文子'又怎么会不合适呢？"

　　子贡听了孔子的话，马上被说服了。

　　成语"不耻下问"就是从这个故事来的，它的意思就是向地位、学问不如自己的人请教而不感到丢面子。

二　后生可畏

　　孔子有一次在路上遇到三个孩子，其中两个孩子又跑又闹，玩得很开心，另外一个却站在一边观看。孔子下车，走到站在一边的孩子身边，问他："你怎么不跟他们一起玩呢？"那个孩子说："他们打闹的动作太激烈了。再怎么小心，也有可能把衣服弄破，严重的话还可能会受伤。所以我不想和他们一起玩。"

　　孔子认为这个孩子的想法很独特，就站在那里看了一会儿。只见这个孩子用土堆了一座城，堆好以后就坐在里面玩儿。孔子准备坐车走了，那个孩子也不让路。孔子又问他："我的车要过去，你怎么坐在里面不让路呢？"那孩子答道："我只听说过车要避开城走，没听说过城要给车让路的。"孔子没想到这个孩子竟然说出如此有道理的话，称赞说："你这么小，却懂得这么多道理，真了不起啊！"

　　那孩子却说："人们说鱼生下来三天就会游泳，兔子生下来三天就可以到处跑，马生下来三天就可以站起来走路，这都是自然规律，和年纪大小有什么关系呢？"

　　孔子感叹道："一个少年能够明白这么多道理，让人敬畏，将来一定是一个人才。"

　　成语"后生可畏"就是从这个故事来的，意思是年轻的一代往往能够超过老一代，是值得敬畏的。

（节选、改编自《论语·公冶长^{yě}》）

本级词

名人 míngrén | celebrity

表扬 biǎoyáng | to praise

优秀 yōuxiù | excellent

单独 dāndú | alone

是否 shìfǒu | whether (or not)

学问 xuéwen | knowledge

了不起 liǎobuqǐ | extraordinary

获得 huòdé | to obtain

可见 kějiàn | it is thus clear that ...

了解 liǎojiě | to understand

宝贵 bǎoguì | precious

地位 dìwèi | status

大方 dàfang | generous

而 ér | and, as well as

品质 pǐnzhì | character

说服 shuōfú | to convince

遇到 yùdào | to encounter

闹 nào | to make a noise

却 què | but, yet

激烈 jīliè | intense

严重 yánzhòng | serious

独特 dútè | special

避 bì | to keep away from

没想到 méi xiǎngdào | to leave sth out of account

竟然 jìngrán | unexpectedly

称赞 chēngzàn | to praise

规律 guīlǜ | rule, precept

超纲词

不耻下问 bùchǐ-xiàwèn | not feel ashamed to learn from one's subordinates

时期 shíqī | period

聪明 cōngmíng | smart

好学 hàoxué | eager to learn

谦虚 qiānxū | modest

国王 guówáng | king

称号 chēnghào | title, name

学者 xuézhě | scholar

即使 jíshǐ | even if

丢 diū | to lose

面子 miànzi | face, reputation

成语 chéngyǔ | idiom

后生可畏 hòushēng-kěwèi | the younger generation will surpass the older

只见 zhǐ jiàn | only to see

堆 duī | to pile (up)

如此 rúcǐ | so, such

感叹 gǎntàn | to sigh with emotion

敬畏 jìngwèi | to revere

一代 yídài | generation

孔子 Kǒngzǐ (551 B.C.—479 B.C.)

Confucius, a great philosopher and educator during the Spring and Autumn Period, has been reputed as the founder of the Confucian school in ancient China.

子贡 Zǐgòng (520 B.C.—456 B.C.)

Zigong was a student of Confucius and one of the representative figures of the Confucian school.

孔圉 Kǒng Yǔ

Kong Yu was a senior official in the State of Wei during the Spring and Autumn Period. He was intelligent, eager to learn, and humble, and was honored as "Kong Wenzi" by later generations.

练 习

一、选词填空。

Fill in the blanks with the words given below.

A. 大方　　　B. 即使　　　C. 学问　　　D. 宝贵

孔圉是春秋时期的一个名人，他有很高的_____，除了这一点以外，他身上最_____的一点是，如果他有不懂的事情，_____对方的学问和地位不如自己，他也会_____地去请教别人。

二、根据文章选择正确答案。

Choose the correct answer according to the articles.

1. 为什么孔圉能够被称为"孔文子"？（　　　）

　　A. 他十分聪明。

　　B. 他是卫国国王的老师。

　　C. 他是卫国学问最高的。

　　D. 他有不懂的就会请教别人。

2. 孔子觉得那个不让路的孩子怎么样？（　　　）
　　A. 没有礼貌　　　B. 很有想法　　　C. 性格不好　　　D. 不会学习

三、根据文章判断正误。

Tell right or wrong according to the articles.

（　　　）1. 孔圉并没有什么学问。

（　　　）2. 子贡一开始不理解为什么孔圉能够被称为"孔文子"。

（　　　）3. 那个孩子给孔子堆了一座城。

（　　　）4. 孔子觉得那个孩子说话很有道理。

（　　　）5. "后生可畏"的意思是年轻的一代往往能够超过老一代。

2 忧心的杞国人

　　从前，杞国有个人，每天都在想一些很奇怪的问题，总是怀疑这个，怀疑那个，担心这个，担心那个，经常会吓到自己。一天，他走在路上，突然想到："万一天掉下来，我根本来不及躲，一定会被砸死的。"他赶紧回家躲进屋子里，又想："天这么大一块，要是掉下来，房屋也不能承受它的重量，为了避免天和房屋一起砸到我头上，我要抓紧时间去寻找一个安全的地方。"

　　他急忙跑了出去。跑着跑着，他吃惊地发现，脚下这块地在不断地往下陷。他大声地叫喊，尽力地往上爬，可是越爬就觉得自己陷得越深。最后，他费了很大的工夫，总算坐到了路边，再三说道："真是太危险了。"

　　杞国人心情沉重地往家里走去，看到自己那座破房子，他非常担心。如果待在家里，地陷了，怎么办？最好的办法是把房子建成船的形状，地陷了，房子还能漂在水面，再做几把船桨，就可以停在水面上了。这是一个好主意，可是他又想："要是水面也塌了呢？到时候一定来不及从船里跑出来，怎么办？"想着想着，他心里的负担越来越重，甚至开始发起烧来。

　　从此以后，这个杞国人白天吃不下饭，夜里不敢睡觉，即使睡觉也会梦见天塌下来，或者地陷下去。时间久了，这件事慢慢地流传开来了。

　　有个朋友听说了他的事，担心他把身体弄坏了，就上门去看望他。朋友开导他说："天并不是什么神秘的东西，它不过是一团聚集的气体，上下四方到处都有。天是无限的，人的一举一动、一呼一吸都在其中。它本来就是气体，为什么还要担心它会掉下来呢？"杞国人还是有些怀疑："如果天是一团聚集的气体，那么太阳、月亮和星星会不会掉下来呢？""不会，不会！"朋友回答道："太阳、月亮、星星也不过是气体中会发光的物质。哪怕掉下来，也不会伤害到你，放心吧。"

杞国人又继续问："那么，地要是陷下去怎么办呢？"朋友说："地是由土块组成的，东南西北到处都是这种厚厚的土块。你每天走那么多路，整天在地上活动，根本不必担心它会陷下去。"

杞国人听了，终于放松下来，从此不再担心天和地的问题了。

本级词

怀疑 huáiyí | to doubt	甚至 shènzhì | even
担心 dānxīn | to worry	发烧 fāshāo | to have a fever
万一 wànyī | just in case	梦见 mèngjiàn | to see in a dream
来不及 láibují | to find no time to do sth	流传 liúchuán | to spread
承受 chéngshòu | to bear	上门 shàngmén | to drop in
重量 zhòngliàng | weight	看望 kànwàng | to visit
避免 bìmiǎn | to avoid	神秘 shénmì | mysterious
抓紧 zhuājǐn | to hurry up	无限 wúxiàn | infinite
寻找 xúnzhǎo | to look for	呼吸 hūxī | to breathe
急忙 jímáng | in haste	哪怕 nǎpà | even if
吃惊 chījīng | to be surprised, to be shocked	伤害 shānghài | to harm
尽力 jìnlì | to try one's best	厚 hòu | thick
再三 zàisān | repeatedly	放松 fàngsōng | to relax
沉重 chénzhòng | serious, in a bad mood	从此 cóngcǐ | from this time on, ever since
负担 fùdān | burden	

超纲词

忧心 yōuxīn | worried, anxious

吓 xià | to frighten

躲 duǒ | to avoid

砸 zá | to flop

陷 xiàn | to get stuck, to sink

总算 zǒngsuàn | at last, finally

待 dāi | to stay

漂 piāo | to float, to drift

水面 shuǐmiàn | water surface

船桨 chuánjiǎng | oar

塌 tā | to collapse

聚集 jùjí | to gather

气体 qìtǐ | gas

一举一动 yìjǔ-yídòng | every act and every move

发光 fāguāng | to give out light

物质 wùzhì | matter, material

不再 búzài | to exist no more

练 习

一、选词填空。

Fill in the blanks with the words given below.

A. 伤害　　　B. 看望　　　C. 来不及　　　D. 放松

从前，有一个杞国人非常担心天会掉下来，自己_____躲，会被砸死。他每天这样想，心里的负担越来越重，吃不下饭，睡不着觉。有个朋友很担心他，就上门_____他，并告诉他，天本就是由气体构成的，根本不会掉下来，即使掉下来也不会_____他。听了朋友的话，杞国人终于_____下来了。

二、根据文章选择正确答案。

Choose the correct answer according to the article.

1. 杞国人担心什么？（　　　　）

　　A. 自己会生严重的病。

　　B. 天会塌下来、地会陷下去。

　　C. 那个破房子会被大水冲走。

　　D. 天上聚集的气体会消散。

2. 这个故事说明了什么？（　　　　）

　　A. 帮助别人自己也很快乐。

　　B. 人类要学会与自然相处。

　　C. 不要为还没有发生的事担心。

　　D. 这个世界是由各种物质构成的。

三、根据文章判断正误。

Tell right or wrong according to the article.

（　　　）1. 杞国人走在路上也会觉得不安全。

（　　　）2. 杞国人把自己的房子建成了船的样子。

（　　　）3. 朋友听说了杞国人的事后去劝导他。

（　　　）4. 朋友说地面不会陷下去是因为它是一团气体。

（　　　）5. 杞国人担心的天塌地陷是不会发生的。

3 不懂装懂的南郭先生

古代有一个国王叫<ruby>齐宣王<rt>Qí Xuānwáng</rt></ruby>，他有一个爱好，喜欢听人吹"竽"这种乐器。但他不喜欢听一个人单独吹，而是喜欢听很多人一起吹。给国王吹竽自然有很多好处，所以大家都想加入这个乐队。但给国王吹竽一定需要很高的技巧，很多人的想法就动摇了，没有勇气去报名。

可是，有一个叫<ruby>南郭先生<rt>Nánguō</rt></ruby>的人却不这么想，他觉得这是个获得财富和地位的大好机会。所以，虽然他一点儿也不会吹竽，却还是跑到国王那里"推销"自己："大王啊，我可是我们当地最有名的乐师，每个听过我吹竽的人都会对我表示赞赏。我的竽声不仅人听了很感动，就连鸟儿听了都会跟着歌唱，树叶也会跟着摆动。大王一定要给我个机会为您吹竽啊。"这些假话说服了齐宣王，他让乐队录取了南郭先生。

在国王面前吹竽并不容易，吹不好可是大罪，每个人都在努力练习，研究怎么才能吹得更好，只有南郭先生每天都过得很悠闲。

这倒不是因为南郭先生不在乎被惩罚，而是因为他了解齐宣王。齐宣王不喜欢单调的独奏，喜欢热闹的合奏，因此每次都是三百人一起吹，南郭先生有自信不会被发现。每次国王让他们演奏的时候，他就混在人群里，跟着大家做出各种动作。他摇头晃脑，看起来非常投入。演奏结束后，南郭先生累得衣服都湿透了，别人根本看不出他不会吹。国王也被他欺骗了，还以为他是个真正的艺术家。南郭先生每天吃着各种美食，穿着最好的衣服，过了一段舒服的日子。

没多久，齐宣王去世了，他的儿子当上了新国王。新国王倒是遗传了齐宣王爱听竽的习惯，南郭先生就以为自己还能依靠新国王在王宫里继续过好日子。可让他没想到的是，虽然新国王喜欢听竽，但他觉得合奏声太闹了，喜欢按顺序让人单独到他面前吹奏。这可把南郭先生吓坏了，如果自己不会吹竽的事被发现了，那么不仅他的前途没了，可能连命都会没有的。南郭先生来不及等到天亮就抓紧时间逃跑了，从此再也不敢靠近王宫半步。

南郭先生的故事告诉我们一个道理：只有自己有真正的本领，才能不怕考验。靠欺骗和运气来生活是不长久的。

本级词

而是 ér shì | but	在乎 zàihu | to care about
加入 jiārù | to join	单调 dāndiào | monotonous
技巧 jìqiǎo | skill	热闹 rènao | boisterous
动摇 dòngyáo | to vacillate	自信 zìxìn | self-confidence
勇气 yǒngqì | courage	投入 tóurù | absorbed
财富 cáifù | wealth	湿 shī | wet
推销 tuīxiāo | to promote	透 tòu | complete
赞赏 zànshǎng | to appreciate	遗传 yíchuán | to inherit
树叶 shùyè | leaf	依靠 yīkào | to count on
摆动 bǎidòng | to swing	顺序 shùnxù | order
录取 lùqǔ | to recruit	前途 qiántú | prospect
研究 yánjiū | to study, to research	运气 yùnqi | fortune

超纲词

乐器 yuèqì | musical instrument

歌唱 gēchàng | to sing

罪 zuì | guilt

悠闲 yōuxián | leisurely and carefree

惩罚 chéngfá | to punish

演奏 yǎnzòu | to give an instrumental performance

混 hùn | to mix, to pass off as

摇头晃脑 yáotóu-huàngnǎo | to wag one's head

欺骗 qīpiàn | to cheat

倒是 dàoshì | (indicating unexpectedness)

王宫 wánggōng | palace

命 mìng | life

逃跑 táopǎo | to flee

再也 zài yě | (not) ... any more

靠近 kàojìn | to approach

长久 chángjiǔ | for a long time

注释

竽 yú

An ancient wind instrument of the Han nationality in China, made from gourds and bamboo pipes, used widely from the Warring States Period to the Han Dynasty.

齐宣王 Qí Xuānwáng

King Xuan of Qi, the ruler of Qi during the Warring States Period (475 B.C.—221 B.C.).

南郭先生 Nánguō Xiānsheng

A charlatan musician in the State of Qi, often used as a metaphor for someone who fills a post without real qualifications.

练习

一、请将下列句子按先后顺序排列。

Please rearrange the following sentences in chronological order.

①齐宣王去世后，他的儿子当上了新国王。

②南郭先生担心自己不会吹竽的事儿被人发现。

③齐宣王非常喜欢听吹竽。

④他来不及等天亮就赶紧逃跑了。

⑤南郭先生虽然不会吹竽，但他让齐宣王相信他吹得很好。

⑥新国王不喜欢听合奏，而是喜欢让人单独吹竽。

⑦南郭先生混在三百人里吹竽，过了一段舒服的日子。

（　　）→（　　）→（　　）→（　　）→（　　）→（　　）→（　　）

二、根据文章选择正确答案。

Choose the correct answer according to the article.

1. 为什么别人在研究怎么吹得更好时，南郭先生却很悠闲？（　　）

    A. 他是个很有能力的人。

    B. 他从小就学过怎么吹竽。

    C. 别人的吹竽技术都不如他。

    D. 他认为齐宣王不会发现他不会吹竽。

2. 现在常用"南郭先生"来代指什么样的人？（　　）

    A. 胆子很小的人   B. 没有真正才能的人

    C. 敢于表现自己的人   D. 很有自信的人

三、 根据文章判断正误。

Tell right or wrong according to the article.

（   ）1. 南郭先生是他们当地有名的吹竽高手。

（   ）2. 南郭先生进乐队是为了展示自己的技巧。

（   ）3. 刚开始，南郭先生在王宫里的日子过得非常舒服。

（   ）4. 齐宣王的儿子也喜欢听竽。

（   ）5. 南郭先生逃跑是因为害怕被新国王发现他不会吹竽的事。

4 目光长远的 塞翁

古时候，北方有个老人，人们都叫他塞翁。塞翁的做事风格跟一般人很不一样，他总是能从别人想不到的角度去看问题。

塞翁好养马。有一天，他家的一匹马突然跑丢了。附近的居民知道了这件事，都以为他会伤心，纷纷来安慰他。谁知道塞翁竟然一点儿也不在乎，说："不就是丢了一匹马吗？有什么可伤心的？我觉得这并不一定是件坏事，说不定会带来意想不到的收获呢！"邻居们十分吃惊，觉得这个老头是不是疯了，马丢了就意味着一大笔财产没了，哪儿还能有什么收获？大家都摇摇头，得出结论：塞翁就是在自我安慰，根本不会有什么好事发生。

让大家都没想到的是，没到一个月，塞翁家的马就回来了，还带来了另外一匹马。那匹马一看就是好马，邻居听说后议论起来，说塞翁这次可是得到宝了。

但是塞翁的反应又让大家十分意外，他不仅没有一点儿高兴的意思，相反，

16

还担心地说："这并不值得高兴啊，免费得到的好马，说不定会引起什么不好的事呢！"邻居们听了都很不理解，这么大的好事落在头上还不开心？还有人想："塞翁这是做梦没醒吧，不然，怎么连好事坏事都分不清了。"

果然，塞翁的话没多久就又成真了。那匹马性格火爆，跑得也飞快，一副谁都别想征服它的样子。塞翁的儿子很喜欢骑马，自从家里得了那匹好马，就整天骑出去玩儿。一天，他从马上摔了下来，摔折了一条腿。

邻居们听到这个不幸的消息，纷纷赶来向塞翁表示同情。可塞翁表现得很平静，反而安慰大家："各位不必为我的儿子担心，他的腿伤了，虽然很不幸，但也可能因此带来幸运呢！"这次，大家都不再说塞翁笨了。

一年之后，北方的胡人发动了一场大规模的战争。当地所有的年轻小伙子都要上战场，很多人都死在了战场上。而塞翁的儿子因为腿没治好，成了个瘸子，就没有去当兵打仗，因此保住了性命。

后来，塞翁失马的故事流传开来了。这个故事告诉大家，要用长久、发展和变化的眼光看问题，不要过于计较一时的得失。

本级词

风格 fēnggé | style, manner	做梦 zuòmèng | to dream
好 hào | to like	醒 xǐng | to be awake
附近 fùjìn | neighbourhood	不然 bùrán | or
居民 jūmín | resident	征服 zhēngfú | to conquer
纷纷 fēnfēn | one after another	折 shé | to break
说不定 shuōbudìng | perhaps	同情 tóngqíng | to sympathize with
收获 shōuhuò | gains	平静 píngjìng | calm
财产 cáichǎn | property, wealth	反而 fǎn'ér | instead
结论 jiélùn | conclusion	笨 bèn | foolish
议论 yìlùn | to discuss	之后 zhīhòu | after
宝 bǎo | treasure	大规模 dà guīmó | large-scale
相反 xiāngfǎn | on the contrary	战争 zhànzhēng | war
免费 miǎnfèi | to be free of charge	小伙子 xiǎohuǒzi | young fellow
引起 yǐnqǐ | to cause	治 zhì | to treat (a disease)
落 luò | to fall	兵 bīng | soldier

超纲词

想不到 xiǎngbudào | never to expect	摔 shuāi | to fall
匹 pǐ | (a measure word for horse)	不幸 búxìng | unlucky
安慰 ānwèi | to comfort	战场 zhànchǎng | battleground
意想不到 yìxiǎng bú dào | unexpected	瘸子 quézi | cripple
邻居 línjū | neighbour	打仗 dǎzhàng | to fight a war
疯 fēng | crazy, mad	性命 xìngmìng | life
意味着 yìwèizhe | to mean	眼光 yǎnguāng | vision
摇头 yáotóu | to shake one's head	过于 guòyú | too
自我 zìwǒ | oneself, self	计较 jìjiào | to fuss about
清 qīng | clear	一时 yìshí | a short while
火爆 huǒbào | fiery (temper)	得失 déshī | gain and loss

练习

一、选词填空。

Fill in the blanks with the words given below.

A. 纷纷　　　B. 竟然　　　C. 财产　　　D. 风格

　　塞翁的做事_____跟一般人很不一样，他总是能够从别人想不到的角度去看问题。塞翁好养马，有一天，他家的一匹马跑丢了。附近的居民知道了这件事，_____来安慰他。谁知道塞翁_____一点儿也不在乎，还觉得马儿跑丢了并不一定是一件坏事，说不定会有意想不到的收获。邻居们觉得这个老头疯了，马丢了就意味着一大笔_____没了，哪儿还能有什么收获？

二、根据文章选择正确答案。

Choose the correct answer according to the article.

  1. 邻居们第一次来安慰塞翁是因为什么？（   ）

      A. 他家丢了一匹马。

      B. 他的妻子生病了。

      C. 他的儿子摔伤了腿。

      D. 他的家乡发生了战争。

  2. 看到跑丢的马带回来的新马，塞翁是什么心情？（   ）

      A. 激动　　　　　B. 担心　　　　　C. 吃惊　　　　　D. 生气

三、根据文章判断正误。

Tell right or wrong according to the article.

（   ）1. 塞翁看问题的角度和一般人不同。

（   ）2. 塞翁的马跑到邻居家了。

（   ）3. 塞翁认为虽然儿子的腿受伤了，但也许会因此有好事发生。

（   ）4. 塞翁的儿子最终死在了战场上。

（   ）5. 一开始大家都很不理解塞翁，但最终明白了塞翁是对的。

5 表里不一的叶公

　　有一位鲁(Lǔ)国的国王总是在别人面前表现出对人才很感兴趣的样子，他经常说："要是有一个有能力的人来帮助我治理国家，我一定会为他提供最好的条件，认真听取他的治国建议，绝不会让他失望。"

　　大教育家孔子有个学生名叫子张(Zǐzhāng)，他听说了鲁王的话后很受感动，从很远的地方赶过来，求见国王。没想到国王对于子张的到来并不在乎，子张被迫在王宫外等了七天，国王依然没有召见他。子张这才知道，原来国王爱人才只是说说而已。

　　子张费了很大力气才来到鲁国，而国王却这样忽视他，这使他既伤心又生气。他给国王的车夫讲了一个故事，并让车夫转告给国王。故事是这样的——

　　从前有一个人，大家都叫他叶公(Yègōng)。叶公十分喜爱龙，所以他家的装修完全以龙为主题。不管是屋檐、大门、窗台、楼梯，还是镜子、酒杯，上面都有龙的图案。不仅如此，从他的衣服到袜子上也都画着龙。大家走进叶公的家还以为走进了龙宫。<u>叶公</u>经常告诉大家："我最喜欢的动物就是龙了。"

这件新鲜事儿慢慢传开了，甚至传到了天上的真龙耳朵里。龙知道世界上有一个人这样爱自己很高兴，因此决定亲自去看望<u>叶公</u>。

这一天，龙从天上飞到了<u>叶公</u>的家里，他把头搭在窗台上，长长的尾巴拖在厅堂上，大喊："<u>叶公</u>在家吗？"可是<u>叶公</u>一看到真正的龙，吓得脸都绿了，转身就跑，一边跑还一边大叫："啊！怪物啊！"

龙觉得又失望又奇怪，他还以为<u>叶公</u>看到自己会很高兴，就问<u>叶公</u>："你不是最喜欢龙吗？我专门来见你，你为什么这么害怕？"<u>叶公</u>一边发抖一边说："你误会了啊！我喜欢的是像龙的假龙，并不是真龙啊！"说完，<u>叶公</u>就逃跑了。龙彻底失望了，他想："我原来以为他是真的喜欢我才来见他呢，原来他只是说说而已。"伤心的龙飞回了天上，再也没有出现过。

<u>子张</u>说："<u>叶公</u>说他爱龙，但真龙出现的时候他却逃跑了。<u>鲁王</u>说渴望人才，人才来了却不召见，是不是就和故事里的<u>叶公</u>一样呢？"说完<u>子张</u>就离开了<u>鲁国</u>。

本级词

感兴趣 gǎn xìngqù | to be interested in sth

提供 tígōng | to provide

失望 shīwàng | disappointed

对于 duìyú | to

被迫 bèipò | to be forced

依然 yīrán | still

力气 lìqi | effort

忽视 hūshì | to neglect

既 jì | as well as

转告 zhuǎngào | to pass on (a message)

喜爱 xǐ'ài | to be fond of

装修 zhuāngxiū | decoration

主题 zhǔtí | theme

不管 bùguǎn | regardless of

窗台 chuāngtái | windowsill

楼梯 lóutī | stairs

镜子 jìngzi | mirror

图案 tú'àn | pattern

袜子 wàzi | socks

新鲜 xīnxiān | novel

尾巴 wěiba | tail

转身 zhuǎnshēn | to turn round

误会 wùhuì | to misunderstand

彻底 chèdǐ | thorough

表里不一 biǎolǐ-bùyī | think in one way and
behave in another

治理 zhìlǐ | to govern

听取 tīngqǔ | to listen to

到来 dàolái | to arrive

召见 zhàojiàn | to call in

而已 éryǐ | merely

屋檐 wūyán | eave

耳朵 ěrduo | ear

搭 dā | to put up

拖 tuō | to drag

厅堂 tīngtáng | hall

怪物 guàiwu | monster

发抖 fādǒu | to shiver

渴望 kěwàng | to long for

注释

子张 Zǐzhāng

Zizhang, alias Zhuansun Shi, was a disciple of Confucius and a Confucian scholar during the Spring and Autumn Period.

叶公 Yègōng

Yegong was a nobleman of the State of Chu in the late Spring and Autumn Period.

练习

一、选词填空。

Fill in the blanks with the words given below.

<blockquote>
A. 失望　　　B. 主题　　　C. 图案　　　D. 喜爱
</blockquote>

叶公十分＿＿＿＿＿龙，他家的装修完全以龙为＿＿＿＿＿。不管是屋檐、大门、窗台、楼梯，还是镜子、酒杯，上面都有龙的＿＿＿＿＿。这深深感动了天上的真龙，他决定去看望叶公。但让他＿＿＿＿＿的是叶公并不是真的喜欢龙。

二、根据文章选择正确答案。

Choose the correct answer according to the article.

1. 叶公为什么一看到真龙就逃跑？（　　　　）

　　A. 他并不喜欢真龙。

　　B. 真龙对他态度不好。

　　C. 他见到真龙太激动了。

　　D. 他要去给真龙买礼物。

2. 子张讲"叶公好龙"的故事是想说明什么？（　　　　）

　　A. 鲁国不缺少人才。

　　B. 鲁王应该向叶公学习。

　　C. 自己跟叶公是不一样的。

　　D. 鲁王并不是真正渴望人才。

三、根据文章判断正误。

Tell right or wrong according to the article.

（　　　）1. 子张来到鲁国是因为鲁王的话让他很感动。

（　　　）2. 子张的到来让鲁王非常开心。

（　　　）3. 叶公家里很多东西上都有龙的图案。

（　　　）4. 叶公喜欢的其实是像龙的东西而不是真龙本身。

（　　　）5. 鲁王最后接受了子张，让他帮助自己管理国家。

6 纸上谈兵的 赵括

战国时期，赵国有一名大将军叫赵奢，他英勇善战，很受赵王重视。他的儿子赵括从小喜爱阅读兵书，每次说起出兵打仗，连赵奢也说不过他。时间久了，赵括就以为自己是天下打仗最厉害的人。赵括的母亲看到儿子这么爱看兵书很高兴，觉得他将来也能像父亲一样。赵奢却不这样认为，对她说："用兵是非常重要的事，用不好会很危险，儿子却说得那么容易。他不具备领兵的能力，却自认为很厉害，将来国王如果真的让他打仗，他一定会失败的！"

公元前260年，秦国出兵攻打赵国。这个时候赵奢已经去世了，赵王派另一位将军廉颇去对付秦国军队。廉颇见秦军很强大，为了避免与秦军正面打起来，就待在长平这个地方不出去。秦兵从很远的地方过来，想要快速打完这场仗，但无论他们如何挑战，廉颇就是坚守营地不出去。

秦国知道廉颇是个经验丰富的老将，短时间内很难取得胜利，就派人到赵国

到处说："廉颇老了，胆子也变小了，不敢和秦国交战。最令秦国担心的是赵奢的儿子赵括，假如赵括当了大将军，秦军一定会失败的。"赵王听信了这些话，真的准备起用赵括。他的大臣提醒他："赵括虽然熟读兵书，却不懂得灵活应用，请大王重新选择一位有能力的人做将军啊。"赵王不听，赏给赵括很多黄金，任命他为将军。回到家里，赵括把赵王赏赐的黄金都归了自己，打算买房买田。赵括的母亲见了，很不满意。她对赵王说："赵奢当将军时，您赏的东西他都会分给手下的士兵们，所以每当赵奢带兵，士兵们都拿命作战。赵括有哪一点像他父亲？您还是不要让他领兵吧。"赵王依然摇摇头说："这件事我已经决定了，你就不要管了。"

赵括到了长平之后，立即改变了廉颇的作战方案，把以前的将士全换了，一切按照兵书上写的来。这时，秦国向赵国的军队发起挑战，赵括想要打一场胜仗，让所有人看到他的能力，急忙出营应战。秦国军队先堵住了赵军运送粮食的道路，然后把赵军包围起来。赵军被围四十多天，粮食吃完了也没有等到援兵。实在没有办法了，赵括只好亲自带一些人马冲出包围圈，但没走多远，就被秦兵射死了。赵括死了之后，四十万赵兵都投降了秦军。

这个只会纸上谈兵、不能根据实际情况灵活运用兵法的赵括，最终导致了赵国的失败。

本级词

英勇 yīngyǒng | brave

阅读 yuèdú | to read

具备 jùbèi | to possess

失败 shībài | to be defeated

对付 duìfu | to cope with

无论 wúlùn | no matter

挑战 tiǎozhàn | to provoke the enemy to battle

假如 jiǎrú | if

提醒 tíxǐng | to remind

选择 xuǎnzé | to choose

赏 shǎng | to award

黄金 huángjīn | gold

归 guī | to belong to

士兵 shìbīng | soldier

立即 lìjí | immediately

方案 fāng'àn | scheme, plan

堵 dǔ | to stop up

粮食 liángshi | grain, cereals

冲 chōng | to rush

圈 quān | circle

根据 gēnjù | according to

运用 yùnyòng | to apply

超纲词

纸上谈兵 zhǐshàng-tánbīng | empty talk

将军 jiāngjūn | general

天下 tiānxià | the world

厉害 lìhai | powerful

军队 jūnduì | army

与 yǔ | with

正面 zhèngmiàn | direct

坚守 jiānshǒu | to defend a place resolutely

营地 yíngdì | barrack

胆子 dǎnzi | courage

令 lìng | to cause

大臣 dàchén | cabinet minister

灵活 línghuó | flexible

任命 rènmìng | to appoint

田 tián | field

作战 zuòzhàn | to fight a battle

发起 fāqǐ | to start

运送 yùnsòng | to transport

包围 bāowéi | to surround

援兵 yuánbīng | reinforcements

射 shè | to shoot

投降 tóuxiáng | to surrender

最终 zuìzhōng | at long last

注释

廉颇 Lián Pō

A famous general and outstanding military strategist in the State of Zhao during the Warring States Period.

练习

一、选词填空。

Fill in the blanks with the words given below.

<blockquote>
A. 具备   B. 失败   C. 阅读   D. 厉害
</blockquote>

    大将军赵奢的儿子赵括从小喜爱_____兵书，每次说起出兵打仗，连赵奢也说不过他。时间久了，赵括就以为自己是天下打仗最_____的人。赵括的母亲觉得他将来也能像父亲一样。赵奢却不这样认为，他觉得赵括不_____领兵的能力，将来国王如果真的让赵括打仗，他一定会_____的。

二、根据文章选择正确答案。

Choose the correct answer according to the article.

1. 赵奢认为儿子_____。

    A. 不会打仗   B. 读书太少

    C. 善于用兵   D. 很像自己

2. 秦国派人到赵国说了什么？（   ）

    A. 廉颇非常了不起。

    B. 秦军很害怕赵括。

    C. 赵国一定会失败。

    D. 秦王想加入军队。

三、根据文章选择正确答案。

Choose the correct answer according to the article.

（　　）1. 赵括从小就喜欢读兵书。

（　　）2. 赵国士兵因为缺少粮食，只能投降了。

（　　）3. 赵括的母亲一直都很欣赏自己的儿子。

（　　）4. 赵王听了赵括母亲的话，不再让他领兵。

（　　）5. 赵括最终被射死了。

7 完璧归赵

  战国时期，赵王得到了一块很宝贵的玉，名叫"和氏璧^{Héshìbì}"，这件事被邻国的秦王知道了。秦王写了封信给赵王，说想用秦国的十五座城来交换那块宝玉。赵王收到信，却不知道怎么回复。因为他知道秦国强大，秦王又是个不诚信的人，答应的话，就会失去玉又得不到城；不答应的话，又害怕秦国挑起战争。

  赵国的大臣蔺相如^{Lìn Xiàngrú}对赵王说："大王，您不必着急。让我带着和氏璧去见秦王吧。如果秦王不拿出十五座城来交换，我用生命担保，一定会把和氏璧完整地带回来。"蔺相如一向冷静又英勇，赵王就把这件事交给了他。

  蔺相如到了秦国，见到了秦王。他把和氏璧献给秦王。秦王接过来又是看又是摸，非常喜爱。看完后，秦王又给大臣们看，最后又交给后宫的美女们看。蔺相如等了很久，也不见秦王说起十五座城的事儿。

看来秦王不想给城，可和氏璧已经到了秦王手里，怎么才能拿回来呢？他想来想去，想出了一个办法。蔺相如走上前去，对秦王说："这块和氏璧看着虽然挺好，可是有一点小瑕疵，让我指给大王看。"秦王一听这块玉有瑕疵，赶紧叫人拿来交给蔺相如。蔺相如拿到了和氏璧，转身就冲到了柱子边，生气地对秦王说："大王在信里说愿意用十五座城换宝玉，赵王虽然怀疑，但想到大王是个了不起的人物，不会骗我们，还是让我把宝贝送来了。可如今看来，大王的确是在骗我们。现在玉在我的手里，如果大王要用武力来夺，我一定会把这块玉摔碎的。"

　　秦王为了阻止蔺相如，赶紧向他道歉，说："你误会我了，我说的话怎么能不算数呢？"他急忙让人拿来地图，指着地图说："从这儿到那儿，一共十五座城，都送给赵国。"可蔺相如已经不再相信秦王，他说："这块和氏璧是天下有名的宝贝。我送它来秦国之前，赵王斋戒了五天，还举行了仪式。现在，您也必须像赵王一样做，我才能把宝玉给大王。"秦王答应了。

　　蔺相如离开王宫后，叫一个手下打扮成生意人的样子，把那块宝玉包裹起来藏在身上，从小路跑回赵国去了。等秦王发现时已经来不及了，只好放蔺相如回赵国去。在历史上，这个故事叫作"完璧归赵"。

本级词

玉 yù | jade	看来 kànlái | it appears, it seems
交换 jiāohuàn | to exchange	手里 shǒu li | in one's hand
回复 huífù | to reply	宝贝 bǎobèi | rare object, treasure
诚信 chéngxìn | integrity	如今 rújīn | nowadays
着急 zháojí | anxious	的确 díquè | indeed
担保 dānbǎo | to guarantee	阻止 zǔzhǐ | to prevent
冷静 lěngjìng | calm	包裹 bāoguǒ | to wrap
摸 mō | to touch, to feel	历史 lìshǐ | history
美女 měinǚ | beauty	

超纲词

完璧归赵 wánbì-guīzhào | to return a thing intact to its owner	人物 rénwù | personage, figure
邻国 línguó | neighbouring country	骗 piàn | to cheat
挑起 tiǎoqǐ | to provoke	武力 wǔlì | (military) force
一向 yíxiàng | always	夺 duó | to take by force
献 xiàn | to present	道歉 dàoqiàn | to apologise
后宫 hòugōng | imperial harem	斋戒 zhāijiè | to fast
瑕疵 xiácī | flaw	仪式 yíshì | ceremony
柱子 zhùzi | pillar	打扮 dǎban | to dress up
	藏 cáng | to hide

注释

和氏璧 Héshìbì

The Heshi Jade is a famous jade artifact of ancient China that dates back to the Spring and Autumn Period. This piece of jade is associated with a lot of legends involving loyalty, perseverance, and wisdom.

蔺相如 Lìn Xiàngrú

Lin Xiangru was a famous statesman and diplomat of the State of Zhao during the Warring States Period, known for his wisdom and courage.

练习

一、选词填空。

Fill in the blanks with the words given below.

A. 急忙   B. 误会   C. 宝贝   D. 阻止

秦王为了_____蔺相如，赶紧向他道歉，说："你_____我了，我说的话怎么能不算数呢？"他_____让人拿来地图，指着地图说："从这儿到那儿，一共十五座城，都送给赵国。"可蔺相如已经不再相信秦王，他说："这块和氏璧是天下有名的_____。我送它来秦国之前，赵王斋戒了五天，还举行了仪式。现在，您也必须像赵王一样做，我才能把宝玉给大王。"秦王答应了。

二、根据文章选择正确答案。

Choose the correct answer according to the article.

1. 蔺相如为什么要去秦国？（　　　　）

A. 保护珍贵的和氏璧。

B. 把和氏璧卖给秦王。

C. 故意与秦国挑起战争。

D. 去找秦国要十五座城。

2. 和氏璧最后怎么样了？（　　　　）

      A. 被秦王骗走了。

      B. 被送回了赵国。

      C. 被蔺相如摔碎了。

      D. 回赵国的路上弄丢了。

三、根据文章选择正确答案。

Tell right or wrong according to the article.

（　　　　）1. 赵王很相信秦王信里写的内容。

（　　　　）2. 蔺相如是一个聪明又勇敢的人。

（　　　　）3. 秦王不喜欢和氏璧。

（　　　　）4. 蔺相如误会了秦王，秦王其实想给赵国十五座城。

（　　　　）5. 秦王最后只能放蔺相如回赵国了。

8 花木兰
替父从军

古时候，有个姑娘名叫花木兰（Huā Mùlán），她虽然是个女孩，但对兵书很感兴趣，从小就跟父亲一起练习功夫，练了一身好本领。

当时，北方的柔然族（Róurán）经常挑起战争，国家和人民的安全都面临着很大的威胁。政府下令，全国各地每家都要出一名男子上战场，维护国家的安全。听到这个消息后，爱国的父亲十分激动，想要为自己的国家出一份力。但木兰却很担心，父亲年纪大了，身体实在太弱，而弟弟还小。家里的男人老的老，小的小，无论谁都不适合上战场。

思来想去，花木兰做了决定，对大家说："我从小跟着父亲练武，要说打仗，我可不比男人差，请让我代替父亲和弟弟去打仗吧。"木兰的话让家人十分吃惊，因为那时候女子连出门都不是一件容易的事，更不要说去打仗了。木兰又说："大家不用为我担心，我一定能战胜敌人，平安回来。"为了不被别人发现自己是女儿身，木兰剪去了一头长发，换上了男子的衣服，独自踏上了北上的路。

打仗是一件十分艰苦的事，很多男人都坚持不下来，更不要说木兰除了打仗还要保守自己女儿身的秘密。但木兰从来没有动摇过，她和战友们一起训练，一起休息，努力地适应着军营的生活。没多久，花木兰就和战友们一起投入战斗了。由于她作战英勇，又很冷静，很快就被升为了将军。多年来，花木兰带着军队四处战斗，多次立下了战功，竟然没有一个人发现她是女儿身。十年后，木兰的军队终于打败了柔然族。

皇帝对他们的表现十分满意，特别是花木兰，她英勇善战的事迹很早就传到了他的耳中。于是皇帝问她想要什么奖赏，本以为木兰会要黄金或者官位，但她却说："我已经离开家太久了，非常想念亲人，请让我回家去看看吧。"

听到花木兰平安回来的消息，亲人们都很期待，很早就开始准备迎接她。一直到花木兰回家后换上了女装，又梳好了头发，她的战友才知道原来这位英勇的将军竟然是一名女子。

花木兰替父从军的故事很快流传开来，她孝顺又勇敢的高尚品质也受到了一代又一代人的称赞。

本级词

替 tì | to replace

面临 miànlín | to be faced with

政府 zhèngfǔ | government

维护 wéihù | to maintain, to defend

爱国 àiguó | to be patriotic

激动 jīdòng | to be excited, to be agitated

弱 ruò | weak

代替 dàitì | to replace

战胜 zhànshèng | to defeat

敌人 dírén | enemy

独自 dúzì | alone

保守 bǎoshǒu | to keep

秘密 mìmì | secret

投入 tóurù | to throw into, to concentrate on

战斗 zhàndòu | fight

多年 duō nián | many years

多次 duō cì | at various times

打败 dǎbài | to defeat

于是 yúshì | hence, subsequently

想念 xiǎngniàn | to miss

期待 qīdài | to look forward

勇敢 yǒnggǎn | brave

高尚 gāoshàng | noble

超纲词

一身 yìshēn | all over the body

族 zú | nationality

威胁 wēixié | threat

下令 xiàlìng | to issue an order

剪 jiǎn | to cut

踏上 tàshang | to take up

艰苦 jiānkǔ | hard

战友 zhànyǒu | comrade-in-arms

军营 jūnyíng | barracks

四处 sìchù | everywhere

立 lì | to establish

皇帝 huángdì | emperor

事迹 shìjì | achievement

奖赏 jiǎngshǎng | award, prize

本 běn | at first, originally

官位 guānwèi | official position

梳 shū | to comb sb's hair

孝顺 xiàoshùn | filial

注释

花木兰 Huā Mùlán

A legendary heroine of ancient China who embodies the virtues of loyalty, bravery and filial piety. She has been the subject of many literary, opera, and film productions.

练习

一、选词填空。

Fill in the blanks with the words given below.

<blockquote>

A. 代替　　　B. 战胜　　　C. 面临　　　D. 感兴趣

</blockquote>

　　花木兰从小就对兵书很_____，跟着父亲练了一身好本领。当时，北方的柔然族经常发起战争，国家和人民的安全都_____着很大的威胁。政府下令，全国各地每家都要出一名男子上战场。木兰的父亲年纪大了，弟弟还小，所以她决定_____父亲和弟弟去打仗，家人听说后都很吃惊，一个女子怎么能上战场？但是木兰说自己一定能_____敌人，平安回来。

二、根据文章选择正确答案。

Choose the correct answer according to the article.

1. 花木兰为什么要替父去从军？（　　　）

　　A. 她的父亲年纪大了，弟弟还小。

　　B. 她从小就喜欢打仗。

　　C. 父亲请求她替自己去打仗。

　　D. 她想要得到皇帝的喜欢。

2. 后来，花木兰请皇帝给了她什么奖赏？（　　　）

　　A. 黄金万两　　　　　　　　B. 让她回家

　　C. 很高的官职　　　　　　　D. 大片的土地

三、根据文章判断正误。

Tell right or wrong according to the article.

（　　　）1. 因为<u>花木兰</u>是女孩，所以她从来没有学习过武术。

（　　　）2. 政府下令每家派出一名男子抵抗敌人、保护国家的安全。

（　　　）3. 在中国古代，女子是可以参军的。

（　　　）4. 打仗对于<u>花木兰</u>来说是一件很容易的事。

（　　　）5. <u>花木兰</u>的战友最后才知道她是女子。

9 闻鸡起舞的
祖逖

晋代的祖逖是个品德高尚、有远大追求的人。可他小时候却很不听话，到了十四五岁还是个不爱读书的调皮孩子，几个哥哥都很为他的前途感到担忧。

再长大一些后，祖逖才知道自己的知识不全面，也不具备保卫国家的能力，决定改正自己的缺点。他开始认真学习历史，大量阅读书籍，从中获取了丰富的知识。很快，他的学问就大有进步。祖逖二十多岁的时候，大家一致建议他去做官，帮助皇帝管理国家，这样才能发挥他的能力。但他觉得自己的能力还远远不够，还需要继续努力读书。

后来，祖逖和刘琨一起负责处理文件，他们兴趣爱好很相似，也都十分努力。他们俩白天一起读书，晚上讨论国家大事。有一次，半夜里祖逖在梦中被公鸡的叫声惊醒了。祖逖把好友刘琨叫醒，对他说："别人都认为半夜听见鸡叫是不好的，我却不这样想，咱们以后听见鸡叫就起床练剑怎么样？"刘琨高兴地同意了。于是，两个人穿好衣服下了床，各自拿着剑从房间走出来。当时正是冬季，天还没亮，院子里十分寒冷。但他们就像感觉不到冷一样，集中精神舞起剑来，从黑夜到黎明，直到满头大汗，才收剑结束练习。

从此以后，他们每天"闻鸡起舞"。无论夏季还是冬季，无论炎热还是寒冷，无论打雷还是下雨，他们练剑的决心从来没有动摇过。

"功夫不负有心人"，经过长期的学习和训练，他们都既能写得一手好文章，又能带兵打仗。后来北方打仗了，百姓们都往南方安全的地区转移，祖逖也带着家人往南方去。一路上，祖逖不仅冷静地指挥百姓撤离，还把马车让给儿童和老人坐，自己背着行李步行。后来，他成功带领百姓平安到达了南方，他的表现也赢得了老百姓的信任。

后来，祖逖被封为将军，实现了他报效国家的愿望；刘琨充分发挥了他的才能，做了都督，负责管理三个州的军事。他们二人的故事也一直流传到了今天。

现在，"闻鸡起舞"常常被用来赞美那些勤奋又有追求的人。

本级词

追求 zhuīqiú | to strive, to seek

调皮 tiáopí | naughty

改正 gǎizhèng | to correct

获取 huòqǔ | to acquire

一致 yízhì | together

官 guān | officer

发挥 fāhuī | to give play to

俩 liǎ | two

好友 hǎoyǒu | friend

冬季 dōngjì | winter

寒冷 hánlěng | cold

夏季 xiàjì | summer

打雷 dǎléi | to thunder

转移 zhuǎnyí | to transfer

指挥 zhǐhuī | to command

儿童 értóng | children

步行 bùxíng | to go on foot

赢得 yíngdé | to win, to gain

充分 chōngfèn | sufficient

超纲词

闻鸡起舞 wénjī-qǐwǔ | to start practising
      at the first crow of the cock

品德 pǐndé | moral character

听话 tīnghuà | to be obedient

保卫 bǎowèi | to defend

书籍 shūjí | books

从中 cóngzhōng | therefrom

远远 yuǎnyuǎn | to be far away

大事 dàshì | matter of great importance

公鸡 gōngjī | rooster

惊醒 jīngxǐng | to awake

剑 jiàn | sword

舞 wǔ | to play with

黑夜 hēiyè | night

黎明 límíng | dawn

炎热 yánrè | blazing

一路上 yílù shang | all the way

撤离 chèlí | to evacuate

马车 mǎchē | carriage

报效 bàoxiào | to serve

军事 jūnshì | military affairs

用来 yònglái | to be used for

赞美 zànměi | to praise

勤奋 qínfèn | hardworking

注释

都督 dūdu

It is the official name of the military chief in ancient China, initially used as an officer to supervise the army, and became a military title at the end of the Eastern Han Dynasty.

练习

一、选词填空。

Fill in the blanks with the words given below.

A. 决心　　　B. 惊醒　　　C. 寒冷　　　D. 俩

祖逖和刘琨兴趣爱好很相似，也都十分努力。他们_____白天一起读书，晚上讨论国家大事。有一次，半夜里祖逖在梦中被公鸡的叫声_____

了，就把刘琨叫醒，叫他一起练剑。刘琨高兴地同意了。从此以后，他们每天"闻鸡起舞"。每天鸡叫后，两人就起床练剑。无论夏季还是冬季，无论炎热还是_____，无论打雷还是下雨，他们俩练剑的_____从来没有动摇过。

二、根据文章选择正确答案。

Choose the correct answer according to the article.

1. 祖逖为什么发奋读书？（   ）

   A. 他想成为名人。

   B. 他不想让哥哥担心。

   C. 他受到好朋友的鼓励。

   D. 他想学习知识保卫国家。

2. "闻鸡起舞"中的"闻"是什么意思？（   ）

   A. 闻   B. 听   C. 看   D. 想

三、根据文章判断正误。

Tell right or wrong according to the article.

（   ）1. 祖逖从小就是个爱学习的孩子。

（   ）2. 祖逖二十多岁的时候不去做官是因为他觉得自己的知识还不够。

（   ）3. 当时，很多人认为半夜听到鸡叫不是好事。

（   ）4. 祖逖和刘琨不喜欢早起，一般在晚上练剑。

（   ）5. 祖逖和刘琨最后都实现了自己的理想。

10 半面铜镜

南北朝时期，陈国有一位乐昌公主（Lèchāng Gōngzhǔ），她从小单纯善良，而且长得很美。她虽然身份高贵，却不是一个骄纵的人，因此很受大家的敬爱。等乐昌公主到了结婚的年纪，她选择了徐德言（Xú Déyán）作为丈夫。徐德言对公主很好，后来做官也表现出很高的政治才能，这对夫妻的故事在当时广为流传。

可这样的日子没有持续多久，一段时间之后，杨坚（Yáng Jiān）打败了陈国，建立了隋（Suí）朝。陈国即将灭亡的时候，夫妻二人也面临分离。徐德言流着泪对妻子说："现在我们的国家已经不在了，你我的分离是必然的。这次分别不知道什么时候才能再相见。但我相信无论距离有多远，我们一定会再次遇见，所以我们应当有个信物，将来可以依靠它来找到对方。"乐昌公主含着泪把一面铜镜分成了两半，夫妻二人各留一半。他们说好，以后每年的正月十五那天，就把各自的半面铜镜拿到长安的街上去卖，如果对方还活着，就能通过铜镜获取对方的消息。

虽然有信物，但是见面又怎么会那么容易呢？时间一天一天地过去，第一年、第二年……这对夫妻始终得不到对方的消息，却没有停止过想念对方，更没有放弃寻找。

到了第三年的正月十五，徐德言经过千辛万苦，终于赶到了长安城里。他看见一个老人在叫卖铜镜，只是价格非常高，别人都在议论："一块破了的铜镜竟然卖得那么贵，那人疯了吗？"徐德言却十分激动。他上前一看，正是自己想要找的那半面铜镜，而那位老人正是乐昌公主派来的。徐德言立即拿出自己的铜镜。两半铜镜合在一起时，徐德言泪流满面……老人被他们夫妻深厚的感情感动了，他答应徐德言，一定要帮助他们夫妻俩早日团聚。徐德言写下了一首诗，让老人带给乐昌公主。

乐昌公主看到了丈夫写的诗，知道他还活着，迫切地想跟他见面。可自己已经被迫嫁给了隋朝的大臣杨素（Yáng sù），出行都受到了限制。想到自己与丈夫都在长安却不能见面，公主十分伤心，连续好几天不吃不喝。在杨素的再三询问下，乐昌公主终于说出了二人的故事。杨素被他们的真情打动，立即派人将徐德言接入家中，让他夫妻二人团聚。

后来，杨素让乐昌公主跟徐德言一起走了，他们回到了从前的家，这个故事总算是有了圆满的结局。从此就有了"破镜重圆"这个成语，一直流传至今。

本级词

单纯 dānchún | simple, pure

善良 shànliáng | kind-hearted

身份 shēnfèn | identity

作为 zuòwéi | to take as

丈夫 zhàngfu | husband

政治 zhèngzhì | politics

夫妻 fūqī | couple

即将 jíjiāng | soon, in no time

泪 lèi | tear

妻子 qīzi | wife

距离 jùlí | distance

遇见 yùjiàn | to meet

含 hán | to hold

深厚 shēnhòu | deep

首 shǒu | (a measure word for poems or songs)

诗 shī | poem

迫切 pòqiè | urgently

限制 xiànzhì | restriction

圆满 yuánmǎn | satisfactory

超纲词

铜镜 tóngjìng | bronze mirror

公主 gōngzhǔ | princess

高贵 gāoguì | noble

骄纵 jiāozòng | indulged

敬爱 jìng'ài | to respect and love

灭亡 mièwáng | to be wiped out

分离 fēnlí | to part

再次 zàicì | again

信物 xìnwù | token

分成 fēnchéng | to divide into

放弃 fàngqì | to give up

泪流满面 lèiliúmǎnmiàn | with tears streaming down one's face

早日 zǎorì | soon

团聚 tuánjù | to reunite

嫁 jià | (of a woman) to marry

出行 chūxíng | to go out

询问 xúnwèn | to ask about

真情 zhēnqíng | ture/genuine feelings

打动 dǎdòng | to be moved

将 jiāng | used in the same way with "把"

入 rù | enter, into

结局 jiéjú | ending

破镜重圆 pòjìng-chóngyuán | a broken mirror joined together

注释

杨坚 Yáng Jiān (541 A.D.—604 A.D.)

The founding emperor of the Sui Dynasty, an outstanding statesman, militarist, and reformer in Chinese history.

杨素 Yáng Sù (544 A.D.—606 A.D.)

A military strategist, powerful official and poet in the Sui Dynasty.

乐昌公主 Lèchāng Gōngzhǔ

Daughter of Emperor Xuan of the State of Chen. The story of her "reunion" with her husband was first recorded in Wei Shu's *New Records of the Tow Capitals* in the Tang Dynasty.

徐德言 Xú Déyán

A famous scholar in the lower reaches of the Yangtze River during the Southern and Northern Dynasties.

练 习

一、选词填空。

Fill in the blanks with the words given below.

A. 圆满   B. 限制   C. 再三   D. 迫切

乐昌公主看到了丈夫写的诗，知道他还活着，_____地想跟他见面，可自己已经被迫嫁给了隋朝的大臣杨素，出行都受到了_____。想到与丈夫都在长安却不能见面，公主十分伤心，连续好几天不吃不喝。在杨素的_____询问下，乐昌公主终于说出了二人的故事。杨素被他们的真情打动，立即派人将徐德言接入家中，让他们夫妻二人团聚。这个故事总算是有了_____的结局。

二、根据文章选择正确答案。

Choose the correct answer according to the article.

1. 乐昌公主把一面铜镜分成了两半，是因为_____。

    A. 半面铜镜能够卖得更贵

    B. 她打算把铜镜送给父亲

    C. 为了将来凭信物再相见

    D. 徐德言不喜欢这面铜镜

2. 杨素对乐昌公主和徐德言是什么态度？（　　　　）

    A. 同情   B. 不满   C. 生气   D. 不在乎

三、根据文章判断正误。

Tell right or wrong according to the article.

（　　　　）1. 乐昌公主因为身份高贵所以很对人很不友好。

（　　　　）2. 徐德言不相信以后能再见到乐昌公主。

（　　　　）3. 徐德言第二年正月十五找到了卖铜镜的老人。

（　　　　）4. 杨素听了乐昌公主的故事很感动。

（　　　　）5. 乐昌公主和徐德言最后终于团聚了。

11 程门立雪

　　程颢、程颐两兄弟是北宋时期著名的大学问家，他们主要研究孔子和孟子的思想，也教理学的知识，大家都很尊敬他们，年轻人纷纷拜他们为师。

　　当时有个人叫杨时，他从童年起就很优秀，善于读书和写文章，在一群小孩子中显得非常与众不同。年龄再大些时，他更加专心学习，后来考中了进士。杨时听说程颢、程颐二人的学问很高，很想得到他们的指导。但杨时在很远的地方做官，没法儿和他们见面。后来有一个机会，杨时和程颢在河南相见了。杨时拜程颢为师，师生二人相处得很好。

　　随着时间的流逝，杨时学到了很多，师徒的感情一天比一天深厚。但杨时是福建人，几年后他要回老家了。在他离开的时候，程颢目送他，说："我的学说要向南方传播了。"四年以后，程颢去世了，杨时听说以后悲痛极了，在自己的房间里为老师哭祭，又写信告诉了其他的同学。程颢去世后，他到程颢的弟弟程颐的书院继续学习。

　　那时，杨时已经四十多岁了，学问也相当高，但他并没有因此而骄傲，依然尊敬老师，每次上课他都是最准时的。他还热心帮助年轻的同学，赢得了同学们的一致称赞。一天，杨时和同学游酢（Yóu Zuò）有一个问题无法解决，想请教程颐，但程老先生睡着了，两人为了不打扰老师，就在外面等着。这时候是冬天，天气寒冷，守门的人说去叫老先生起床，被两人阻止了。没一会儿，外面下起了雪。守门人说："你们还是先回去吧，过一会儿再来。"但两人迫切想知道答案，并没有离去，而是安静地站在程家门口，等待老师醒来。

雪越下越大，等了大半天，程颐才醒来。一开门，他看到杨时、游酢站在面前，吃了一惊："啊！你们怎么在这儿？"这时候，门外的雪已经下了一尺多厚了，杨时和游酢已经变成了两个雪人，脸上却没有任何不开心的表情。程颐问："你们怎么不叫醒我呢？"杨时说："您是老师，我们作为学生，等您是应该的。"程颐深受感动，更加尽心尽力地教杨时。而杨时也不负重望，学业进步很快。

这个故事一直流传到了现在，他们这种努力追求知识、尊敬老师的精神也一直为人所称赞，由此就有了成语"程门立雪"。

本级词

兄弟 xiōngdì | brothers

著名 zhùmíng | famous

童年 tóngnián | childhood

善于 shànyú | to be good at

专心 zhuānxīn | to concentrate one's attention

没法儿 méifǎr | to be impossible

相处 xiāngchǔ | to get along with

老家 lǎojiā | native place

热心 rèxīn | ardent

无法 wúfǎ | to have no way (in doing sth)

睡着 shuìzháo | to fall asleep

答案 dá'àn | answer

尺 chǐ | a unit of length, about $1/3$ meter

表情 biǎoqíng | expression

超纲词

程门立雪 chéngmén-lìxuě | to stand in the snow waiting for the master respectfully

与众不同 yǔzhòng-bùtóng | to be out of the ordinary

年龄 niánlíng | age

师生 shīshēng | teacher and student

流逝 liúshì | to elapse

学说 xuéshuō | theory

悲痛 bēitòng | grieved

哭祭 kūjì | to weep for the deceased

骄傲 jiāo'ào | to be proud

打扰 dǎrǎo | to disturb

守门 shǒumén | gatekeeper

醒来 xǐnglái | to wake up

深受 shēnshòu | to be deeply affected by

学业 xuéyè | studies

注释

程颢 Chéng Hào (1032 A.D.—1085 A.D.)

A philosopher, educator, and one of the founders of Neo-Confucianism during the Northern Song Dynasty. He and his younger brother Cheng Yi are collectively known as "Er Cheng" and have had a profound impact on future generations.

程颐 Chéng Yí (1033 A.D.—1107 A.D.)

A philosopher, educator, and one of the founders of Neo-Confucianism during the Northern Song Dynasty. He inherited and developed the ideas of his brother Cheng Hao, which had a profound impact on future generations.

孟子 Mèngzǐ (372 B.C.—289 B.C.)

Mencius, a great philosopher, thinker, and educator during the Warring States Period, is also one of the representatives of the Confucian school after Confucius.

理学 Lǐxué

Neo-Confucianism, also called Daoxue, is an important philosophical school that emerged in the Northern Song Dynasty and matured in the Southern Song Dynasty, exerting a profound impact on traditional Chinese culture.

进士 jìnshì

The highest grade in the Chinese imperial examination system.

杨时 Yáng Shí (1053 A.D.—1135 A.D.)

A philosopher, educator, writer, and statesman from the late Northern Song Dynasty to the early Southern Song Dynasty. He is one of Cheng Yi's main disciples.

练习

一、选词填空。

Fill in the blanks with the words given below.

A. 寒冷　　　　B. 答案　　　　C. 醒　　　　D. 阻止

一天，<u>杨时</u>和同学<u>游酢</u>有一个问题无法解决，想请教老师<u>程颐</u>，但<u>程</u>老先生睡着了，两人为了不打扰老师，就没有叫_____老师。这时候是冬天，天气_____，守门的人说去叫老先生起床，但两人_____了他，只是静静在门口等着。守门人让他们过一会儿再来，但这两人迫切想知道_____，并没有离去，而是安静地站在<u>程</u>家门口。

二、根据文章选择正确答案。

Choose the correct answer according to the article.

1. 下雪时，<u>杨时</u>和<u>游酢</u>为什么站在门外？（　　　）

   A. 他们在欣赏雪景。

   B. 他们在帮老师看门。

   C. 守门人不让他们进去。

   D. 他们不想打扰老师休息。

2. 这篇故事让我们看到了<u>杨时</u>和<u>游酢</u>什么样的品质？（　　　）

   A. 表里如一　　　　　　　　　　B. 能说会道

   C. 尊敬师长　　　　　　　　　　D. 诚实守信

三、根据文章判断正误。

Tell right or wrong according to the article.

(　　　) 1. 杨时从很小的时候就拜程颢为师了。

(　　　) 2. 程颢和程颐都是北宋时期的人。

(　　　) 3. 守门人不愿意去叫醒程颐。

(　　　) 4. 游酢不想等，先离开了。

(　　　) 5. 杨时和游酢的行为感动了老师程颐。

12 神童方仲永

　　宋代有一位著名的文学家，叫王安石（Wáng Ānshí）。他在自己的著作《临川 先生 文集》（Línchuān Xiānsheng Wénjí）中记载了这样一个故事：

　　有一户人家姓方，这家人世世代代都靠种田为生。方家的小儿子名叫仲永（Zhòngyǒng），在五岁之前，仲永不认字，家里也从来没给他买过纸和笔。有一天，仲永忽然向父亲要这些东西。父亲很吃惊，从邻居那里借来纸和笔给他。方仲永拿到之后立刻写了四句诗，是关于赡养父母、和同族人友好相处的内容，并且在诗的最后写上了自己的名字。这首诗不仅语法正确、语句优美，并且主题深刻，不管是从形式还是内容上看，都是好作品，当地的读书人都争相抄写。

从此以后，只要人们给仲永一个特定的事物让他作诗，他都能轻易地根据事物的特征把诗写出来。此外，仲永的诗含义深刻，文学性强，每篇都是佳作。同县的人听说这件奇事之后，纷纷请他的父亲去做客。有的人还愿意花钱购买仲永的诗，仲永的父亲对此感到十分得意。

仲永的父亲尝到了甜头后，也没有征求仲永的意见，就把他每天的行程安排得满满的。不是让他参加文人的聚会，就是拉着他四处给人写诗来赚钱，却不让他学习。等到仲永十二三岁时，他写出来的诗已经大不如前了，诗的主题和特点再不像从前那么鲜明，他的诗作只能说是非常普通的作品了。又过了七年，仲永长大成人了，他作诗的才能已经完全消失，彻底变成了一个普通人。

王安石感叹道：仲永的智力要比普通人高许多，他作诗的才能是上天给予他的财富，但他最终成为了一个普通人，这是因为他只依靠自己天生的才能，而没有继续学习。即使像仲永那样天生聪明的人，没有受到后天的教育，都会成为一个普通人；而那些没有天生才能的人，如果不愿意付出更多的时间和精力接受教育，想要成功恐怕更难吧！

本级词

著作 zhùzuò | book, work	此外 cǐwài | besides, in addition
记载 jìzǎi | to record	含义 hányì | meaning
户 hù | (a measure word for family)	县 xiàn | county
人家 rénjia | family	购买 gòumǎi | to buy
之前 zhīqián | before	得意 déyì | proud
关于 guānyú | about	征求 zhēngqiú | to ask for
语法 yǔfǎ | grammar	聚会 jùhuì | gathering, party
优美 yōuměi | graceful	鲜明 xiānmíng | distinct
抄写 chāoxiě | to transcribe	成人 chéngrén | to become adult
事物 shìwù | thing, object	智力 zhìlì | intelligence
轻易 qīngyì | easily	付出 fùchū | to pay
特征 tèzhēng | characteristic	精力 jīnglì | energy

超纲词

神童 shéntóng | child prodigy, genius

赡养 shànyǎng | to support

特定 tèdìng | specific

尝 cháng | to taste

甜头 tiántou | benefit (as an inducement)

行程 xíngchéng | schedule

文人 wénrén | literary man, scholar

赚钱 zhuànqián | to make money

给予 jǐyǔ | to give

天生 tiānshēng | innate, natural

注释

王安石 Wáng Ānshí (1021 A.D. — 1086 A.D.)

A famous statesman, writer, reformer and thinker during the Northern Song Dynasty. He was one of the most important representatives of the reformist school of thought in the history of the Song Dynasty.

练习

一、选词填空。

Fill in the blanks with the words given below.

A. 事物　　　B. 抄写　　　C. 特征　　　D. 得意

令方仲永的父亲_____的是，只要给方仲永一个特定的_____，他就可以轻易地根据其_____写出诗来。并且因为诗的质量高，很多人都_____方仲永的诗。

二、根据文章选择正确答案。

Choose the correct answer according to the article.

1. 关于方仲永，下面哪项是正确的？（　　　）

　　A. 他是家里最大的男孩子。

　　B. 他从小就喜欢看书写字。

　　C. 他没有学习过却会写诗。

　　D. 他长大后成了一名诗人。

2. 王安石写方仲永的故事是为了说明什么？（　　　）

　　A. 家庭环境对孩子影响不大。

　　B. 即使天生聪明也需要不断学习。

　　C. 普通人想写好诗不太容易。

　　D. 只要付出努力就能够成功。

三、根据文章判断正误。

Tell right or wrong according to the article.

（　　　）1. 方仲永的家里人教过他识字写诗。

（　　　）2. 方仲永写的诗不值得一读。

（　　　）3. 方仲永的父亲为了让儿子赚钱不给他学习的机会。

（　　　）4. 方仲永最终从天才变成了普通人。

（　　　）5. 有人愿意花钱买方仲永的诗。

13 林黛玉初入贾府

　　轿子停下后，黛玉（Dàiyù）在众人的引导下来到后头的大院。小丫鬟们都坐在院子里的台阶上，看见黛玉进来了，都站起来笑着欢迎，说："老太太刚刚还说到林姑娘呢，正好就到了。"众人抢着撩起门帘，有人向院子里提醒说："林姑娘到了。"

　　黛玉刚走进屋子，就看到两个人扶着一位满头白发的老夫人迎了上来。黛玉猜想这一定就是外祖母了，刚打算问候，却被外祖母一下子抱进了怀里，边哭边喊着"心肝儿"。大家看到纷纷落泪，黛玉也哭个不停。过了好一会儿，贾母（Jiǎmǔ）和黛玉不再哭了。贾母招呼丫鬟说："今天有客人来，让姑娘们不要去上课了，到这里来吧。"

　　很快就来了姐妹三个，分别是迎春（Yíngchūn）、探春（Tànchūn）和惜春（Xīchūn）。迎春不高也不矮，身材适中，是个老实的姑娘；探春个子高挑，脸圆圆的，很有书卷气；惜春是三姐妹里年纪最小的。黛玉赶紧起身向姐妹三个行礼。众人看到黛玉年龄虽然不大，但是说话、行为都很得体，只是身子有些弱，就询问她这病要如何治疗，平日里都吃些什么药。

这时，从后院传来说笑声："我来迟了，没有及时招呼妹妹！"黛玉很吃惊，心想："这里的人个个大气不喘、恭恭敬敬，是谁竟然这样放肆？"这时见几个丫鬟围着一个身材纤细、衣着华丽的人从后门进来。这人虽然脸上带着微笑，却使人倍感压力。

黛玉忙站起来。贾母笑着说："你不认识她。这位可是个能干的人物，家里的大小事都是她来处理的，你便叫她'凤辣子'好了。"黛玉不知该怎么称呼，旁边的姐妹们告诉她："这是嫂子。"黛玉想起母亲曾经说过，大舅贾赦的儿子贾琏，他的妻子名叫王熙凤，想必就是眼前这位了。黛玉忙笑着施礼，称呼"嫂子"。

王熙凤拉起黛玉的手，盯着她的脸看了一会儿，称赞道："要不是今天见到了妹妹，我真想象不出世上会有这么好看的人儿。真是老祖宗的亲孙女，像个仙女似的，难怪老祖宗整天想着妹妹。"又同情地叹息道："只可惜妹妹命不好，母亲去世这样早，唉！"说着，就用手帕擦眼泪。贾母说："我这刚好了，你又想让我哭吗？"王熙凤立即换上笑脸，问黛玉："妹妹几岁了？上过学吗？如今吃什么药？"又说："既然来了，就在这里好好疗养，不要想家。想要什么告诉我，住得不舒适了告诉我，丫鬟不听话也告诉我。"

（节选、改编自曹雪芹《红楼梦》）

本级词

停下 tíngxià | to stop

引导 yǐndǎo | to lead

后头 hòutou | back

台阶 táijiē | steps

夫人 fūrén | madame

问候 wènhòu | to greet

抱 bào | to embrace

招呼 zhāohu | to call, to greet

姐妹 jiěmèi | sisters

矮 ǎi | short

身材 shēncái | stature

老实 lǎoshi | well-behaved

治疗 zhìliáo | to treat

微笑 wēixiào | smile

能干 nénggàn | capable

想象 xiǎngxiàng | to imagine

孙女 sūnnǚ | granddaughter

似的 shìde | just like

既然 jìrán | since

疗养 liáoyǎng | to recuperate

舒适 shūshì | comfortable

超纲词

轿子 jiàozi | sedan chair

众人 zhòngrén | everybody

丫鬟 yāhuan | maidservant

抢 qiǎng | to do sth in a rush

撩 liāo | to lift up

扶 fú | to support with hands

迎 yíng | to greet or welcome

猜想 cāixiǎng | to guess, to wonder

祖母 zǔmǔ | grandmother

一下子 yíxiàzi | all of a sudden

怀里 huái li | in one's arms

不停 bù tíng | without stop

得体 détǐ | appropriate

身子 shēnzi | body

平日 píngrì | ordinary days

笑声 xiàoshēng | laughter

迟 chí | late

喘 chuǎn | to breathe hard

恭恭敬敬 gōnggōng-jìngjìng | respectful

放肆 fàngsì | unbridled

纤细 xiānxì | slender

华丽 huálì | gorgeous

称呼 chēnghu | to address

嫂子 sǎozi | sister-in-law

舅 jiù | mother's brother

盯 dīng | to stare at

要不是 yàobúshì | if it were not for

祖宗 zǔzong | ancestors

仙女 xiānnǚ | fairy

难怪 nánguài | no wonder

叹息 tànxī | to sigh

可惜 kěxī | regrettable

唉 ài | (to express sadness or regret)

手帕 shǒupà | handkerchief

笑脸 xiàoliǎn | smiling face

注释

《红楼梦》 Hónglóumèng

A Dream of Red Mansions, formerly known as *The Story of the Stone*, is one of the four great masterpieces of Chinese classical literature, which has had a great influence on later literature and has a wide readership, not only in China, but also in the world.

练习

一、选词填空。

Fill in the blanks with the words given below.

A. 想象　　　B. 似的　　　C. 既然　　　D. 舒适

王熙凤拉着黛玉的手称赞道："要不是今天见到了妹妹，我真_____不出世上会有这么好看的人儿。真是老祖宗的亲孙女，像个仙女_____。……_____来了，就在这里好好疗养，不要想家，想要什么告诉我，住得不_____了告诉我，丫鬟不听话了也告诉我。"

二、根据文章选择正确答案。

Choose the correct answer according to the article.

1. 贾府里的人个个大气不喘、恭恭敬敬，但王熙凤却能大声说笑，这说明什么？（　　　　）

   A. 贾府的人胆子小。

   B. 贾母耳朵不太好。

   C. 王熙凤地位非常高。

   D. 王熙凤非常喜欢黛玉。

2. 下面哪种说法不正确？（　　　　）

   A. 黛玉的身体不太好。　　　　B. 黛玉的妈妈去世了。

   C. 王熙凤的能力很强。　　　　D. 迎春的个子高高的。

三、根据文章判断正误。

Tell right or wrong according to the article.

（　　　）1. <u>贾府</u>的丫鬟们都对<u>黛玉</u>态度很好。

（　　　）2. <u>黛玉</u>进来后，<u>贾母</u>还坐在椅子上。

（　　　）3. 平时<u>迎春</u>、<u>探春</u>、<u>惜春</u>三姐妹都要去上课。

（　　　）4. <u>黛玉</u>之前曾经见过<u>王熙凤</u>。

（　　　）5. <u>王熙凤</u>很同情<u>黛玉</u>。

14 故乡

在这样寒冷的天气里，我回到相隔两千多里、已经离开了二十多年的故乡。

这个时候已经是冬天，等渐渐靠近故乡时，天气变得更冷了。冷风吹进船里，呜呜地响。我从窗子向外一望，在黑暗阴沉的天底下，河的两边有几个村子，非常荒芜，看来已经没有什么人在这里住了，我的心禁不住沉重起来了。

啊！这难道是我二十年来时时怀念的故乡？

我所记得的故乡完全不是这样的。我的故乡好得多了，但要说出它到底好在哪里，我却又没法用充分的言语来概括了，似乎也就只是这样。于是我自己解释说：故乡本来就是这样吧——或许没有进步，但也未必像我想象的那样不好。这只是我自己心情的改变罢了，因为我这次回乡，本来也没有什么好心情。

我这次是为了告别故乡而回来的。我们曾经住了多年的老房子已经被卖给别人了，明年正月初一就是交房的最后期限，所以在这之前，我们就要永远告别带着我们记忆的老房子，并且远离熟悉的故乡，搬家到另外一个地方去。

第二日早晨等我到达老家时，母亲早已出来等着我了。母亲很高兴，但显然心情不如表现出来的那样轻松，说话间提到了我儿时的好友闰土。母亲说："他每到我家来时，总问起你，很想见你一回面。我已经事先将你到家的日期告诉他了，他也许马上就会到。"

这时候，我忽然回想起儿时和闰土一起玩儿的情景：深蓝的天空中挂着金黄的月亮，下面是海边的沙地，都种着碧绿的西瓜，有一个十一二岁的调皮少年，脖子上戴着银项圈，手举钢叉，向一只猹尽力地刺去，那猹却将身子一扭，反从他的身下跑走了。

这少年便是闰土。我认识他时，也不过十多岁，离现在快有三十年了。当时家里正要举办一场很重要的祭祀，家里的工人忙不过来，便和父亲说可以让他的儿子闰土来帮忙。

我于是日日期待新年的到来，新年到，闰土也就到了。终于到了年末，有一日，母亲告诉我，闰土来了，我便兴奋地跑去看。他正在厨房里，圆圆的脸，头戴一顶小帽子，颈上套一个银项圈，这可见他的父亲十分爱他，怕他死去，所以在神明面前许下心愿，用项圈将他留住，让他不要被神明收回了。他在外人面前不太说话，只是不怕我，没有别人的时候，就和我说话，于是不到半日，我们便开始变得亲密了。

（节选、改编自鲁迅《故乡》）

本级词

窗子 chuāngzi | window

黑暗 hēi'àn | dark

两边 liǎngbiān | both sides

怀念 huáiniàn | to cherish the memory of

概括 gàikuò | to summarize

似乎 sìhū | seemingly

解释 jiěshì | to explain

或许 huòxǔ | maybe

未必 wèibì | may not

期限 qīxiàn | deadline

轻松 qīngsōng | light-hearted

事先 shìxiān | beforehand

情景 qíngjǐng | scene

西瓜 xīguā | watermelon

戴 dài | to put on

刺 cì | to sting, to stab

反 fǎn | on the contrary

兴奋 xīngfèn | excited

顶 dǐng | (a measure word for hat)

帽子 màozi | cap, hat

收回 shōuhuí | to take back

亲密 qīnmì | intimate

64

超纲词

相隔 xiānggé | to be at a distance of

望 wàng | to look over

阴沉 yīnchén | gloomy

荒芜 huāngwú | desolate, barren

禁不住 jīnbuzhù | to be unable to bear

时时 shíshí | always

言语 yányǔ | speech, words

罢了 bàle | that's all

记忆 jìyì | memory

远离 yuǎnlí | to stay away from

碧绿 bìlù | dark green

脖子 bózi | neck

银项圈 yín xiàngquān | silver collar

钢叉 gāngchā | steel fork

猹 chá | a badger-like wild animal

扭 niǔ | to turn round

祭祀 jìsì | to offer sacrifices to ancestors

厨房 chúfáng | kitchen

神明 shénmíng | god, deity

心愿 xīnyuàn | wish

练 习

一、选词填空。

Fill in the blanks with the words given below.

A. 未必　　　B. 解释　　　C. 概括　　　D. 怀念

啊！这难道是我二十年来时时_____的故乡？

我所记得的故乡完全不是这样的。我的故乡好得多了，但要说出它到底好在哪里，我却又没法用充分的言语来_____了，似乎也就只是这样。于是我自己_____说：故乡本来就是这样吧——或许没有进步，但也_____像我想象的那样不好。这只是我自己心情的改变罢了，因为我这次回乡，本来也没有什么好心情。

二、根据文章选择正确答案。

Choose the correct answer according to the article.

1. 作者为什么要回到故乡？（   ）

　　A. 回去定居　　　　　　　　　　B. 探望故乡的亲人

　　C. 处理老房子的事　　　　　　　D. 见见儿时的朋友闰土

2. 根据文章内容推测一下作者写文章时的年纪？（   ）

　　A. 十多岁　　　　B. 二十多岁　　　　C. 三十多岁　　　　D. 四十多岁

三、根据文章判断正误。

Tell right or wrong according to the article.

（　　　）1. "我"回到老家时天气不太好。

（　　　）2. "我"记忆里的故乡比"我"如今见到的要好。

（　　　）3. "我"急着回老家卖房子。

（　　　）4. "我"到达老家以后母亲才醒来。

（　　　）5. 闰土小时候很喜欢跟"我"说话。

15 背影

　　我已经两年多没有见到父亲了，我最不能忘记的是他的背影。

　　那年冬天，祖母去世了，父亲又失业了，正是家里最困难的一段日子。我从北京回到徐州，打算跟着父亲回去给祖母办丧事。到徐州见着父亲，看见院子里到处都是东西，又想起祖母，不禁流下了眼泪。父亲说："不必难过，还有办法！"

　　回家后父亲卖掉了家里的东西，还掉了之前借的钱；又借钱办了丧事。丧事结束，父亲要到南京寻找新的工作，我也要回北京读书，我们就一起出发了。

　　到了南京，第二天，我从浦口坐火车去北京。父亲要办事，本来已经说好不送我。其实我那年已二十岁，北京已来往过两三次，没什么问题的。他考虑了一会儿，终于决定还是自己送我去。我一再对他说不必去，他只说："不要紧！"

　　我们进了车站，上了车，他给我挑选了靠车门的一张椅子，告诉我路上要小心，夜里冷，要多穿一件衣服。我心里暗笑他，我是个成人了，难道还不能照顾自己么？现在想想，我那时真是聪明过分了。

　　我说道："爸爸，你走吧。"他往车外看了看，说："我看月台那边有卖橘子的，我买几个给你。"走到那边月台，要穿过铁路，得跳下去再爬上去。我本来要去的，他不同意，只好让他去。我看见胖胖的父亲戴着黑布帽子，穿着黑布棉袍，走到铁道边，慢慢探下身去，这个还不太难。可是他穿过铁道，要爬上那边月台，就不容易了。他用两手攀着上面，两脚使劲往上缩，终于爬上了月台。这时我看见他的背影，我的泪很快地流下来了。我赶紧擦干了泪，怕他看见，也怕别人看见。我再向外看时，他已抱着红红的橘子往回走了。过铁道时，他先把橘子放在地上，自己慢慢爬下，再抱起橘子走。到这边时，我赶紧走上前去扶他。他和我走到车上，将橘子全部放在我的皮大衣上。于是拍拍衣服上的土，看起来格外轻松。过一会儿说："我走了，到那边来信！"他走了几步，回过头对我说："进去吧，里边没人。"等他的身影消失在人群里，再找不着了，我便进来坐下，我的眼泪又来了。

我回北京后，他写了一封信给我，信中说："我身体平安，只是膀子疼得很，每次拿筷子或提笔，感觉很不方便，也许离告别这个世界不远了。"我读到这里，在泪水中，又看见他那胖胖的、黑布棉袍的背影。我不知何时再能与他相见！

（节选、改编自朱自清《背影》）

本级词

失业 shīyè | to be unemployed

眼泪 yǎnlèi | tears

办事 bànshì | to handle affairs

考虑 kǎolù | to consider

一再 yízài | again and again

不要紧 búyàojǐn | it seems all right

挑选 tiāoxuǎn | to choose

暗 àn | secretly

过分 guòfèn | too much

使劲 shǐjìn | to exert all one's strength

擦 cā | to wipe

格外 géwài | especially

泪水 lèishuǐ | tear, teardrop

超纲词

背影 bèiyǐng | figure, shadow

丧事 sāngshì | funeral arrangements

不禁 bùjīn | can't help doing

来往 láiwǎng | to come and go

橘子 júzi | orange, tangerine

穿过 chuānguò | to go through

棉袍 miánpáo | cotton-padded robe

探 tàn | to stretch forward

两手 liǎngshǒu | both hands

攀 pān | to climb

缩 suō | to draw back

身影 shēnyǐng | silhouette (of a person), figure

膀子 bǎngzi | upper arm

何时 héshí | when

练习

一、选词填空。

Fill in the blanks with the words given below.

> A. 擦　　　B. 抱　　　C. 轻松　　　D. 使劲

父亲跳下铁道，又_____爬上月台。这时我看见他的背影，我的眼泪很快地流下来了。我赶紧把泪水_____干，怕他看见，也怕别人看见。我再向外看时，他已_____着买好的橘子往回走了。……他和我走上火车，将橘子全部放在我的皮大衣上，这时的他看起来格外_____。

二、根据文章选择正确答案。

Choose the correct answer according to the article.

1. "我"为什么从<u>北京</u>回到<u>徐州</u>？（　　　）

　A. 因为放假了。

　B. 因为父亲失业了。

　C. 因为祖母去世了。

　D. 因为"我"要回家还钱。

2. "我"读了父亲的信后，心情怎么样？（　　　）

　A. 高兴　　　　　B. 难过　　　　　C. 失望　　　　　D. 愤怒

三、根据文章判断正误。

Tell right or wrong according to the article.

(　　　) 1. "我"已经两年多没有见过父亲了。

(　　　) 2. 祖母去世时，"我"在北京读书。

(　　　) 3. 父亲因为要在南京办事，所以没有去火车站送"我"。

(　　　) 4. "我"跟父亲一起去月台买了橘子。

(　　　) 5. 想起父亲的背影"我"会流下泪来。

16 翠翠

由四川往湖南的路上，东边有一条大路。这条大路近湘西边境到了一个名为"茶峒"的小山城时，有一条小溪，溪边有座白色小塔，塔下居住着一户单独的人家。这家里只有一个老人，一个女孩子和一只黄狗。

从四川到湖南去的话，必须经过这条小溪。小溪上一直没有桥，为了节省时间就安排了一只小船接送来往的行人。划船送人过河的，就是住在塔下的那个老人。他活了七十年，从二十岁起便守在这小溪边，多年来送无数人过了河。老人从不在乎收益，只是静静地在那里活下去。他的朋友就是那只船与那只黄狗，唯一的亲人就是他的孙女——那个女孩子。

女孩子的母亲是老船夫唯一的女儿，十五年前和一个士兵秘密地发生了暧昧关系。有了小孩子后，这士兵便想和她一起逃走。但要是逃走的话，士兵违背了作为军人的原则，做女儿的也必须离开她的父亲。士兵见她没有离开的勇气，自己也不想毁掉军人的名誉，就服毒死了。女的却放心不下肚子里的孩子，不知道该怎么办。事情被她的父亲知道了，但父亲却没有多说什么，就当作不知道这件事情一样，仍然把日子很平静地过下去。孩子出生后，女儿就到溪边故意吃了很多冷水死去了。奇迹般地，这小孩居然已经长成了大姑娘，一转眼间就十三岁了。因为住的地方植物多，到处都是翠绿的颜色，老船夫便为这可怜的孩子取名，叫作"翠翠"。

翠翠一天一天长大，皮肤变得黑黑的，一双眼睛亮得就像宝石，人又那样天真可爱，就像山里的小动物一样，从不担忧，从不生气。平时遇到陌生人对她有所注意时，就用那充满疑惑的大眼睛盯着陌生人，好像随时都会跑走似的，但明白了别人没有不好的想法，就又大方地在水边玩耍了。

老船夫无论晴天还是雨天都会守在船头。有人要坐船时，便稍弯着腰，牵起船上的绳子，把船划过小溪。有时老人困了，躺在溪边的大石上睡着了，有人在对岸要坐船，翠翠就自己跳下船去，敏捷地代替祖父把路人送过小溪。有时又和祖父、黄狗一同在船上，过小溪时和祖父一同动手，船靠近岸边，祖父向客人招呼"慢点，慢点"时，那只黄狗就口里咬着绳子，最先跳到岸上，把船向岸边拖。没人过河的时候，老人和翠翠便坐在门前的石头上晒太阳。日子这样过着，也十分舒适。

（节选、改编自沈从文《边城》）

本级词

居住 jūzhù | to live

节省 jiéshěng | to save

划 huá | to row

守 shǒu | to guard

无数 wúshù | countless, numerous

收益 shōuyì | earnings

原则 yuánzé | principle

肚子 dùzi | abdomen

植物 zhíwù | plant

宝石 bǎoshí | gem

天真 tiānzhēn | innocent, artless

弯 wān | to bend

腰 yāo | waist

躺 tǎng | to lie

晒 shài | to bask (in the sun)

超纲词

边境 biānjìng | border

小溪 xiǎoxī | brook, stream

塔 tǎ | tower

接送 jiēsòng | to pick up

从不 cóngbù | never

唯一 wéiyī | only

暧昧 àimèi | having an affair

逃走 táozǒu | to run away

违背 wéibèi | to violate

军人 jūnrén | soldier

毁 huǐ | to destroy

名誉 míngyù | reputation

服毒 fúdú | to take poison

当作 dàngzuò | to take as

奇迹 qíjì | miracle

居然 jūrán | unexpectedly

翠绿 cuìlù | jade green

可怜 kělián | poor, pitiful

皮肤 pífū | skin

疑惑 yíhuò | doubt

玩耍 wánshuǎ | to play

稍 shāo | slightly

绳子 shéngzi | rope

岸 àn | shore, bank

敏捷 mǐnjié | agile

祖父 zǔfù | grandfather

路人 lùrén | passer-by

一同 yìtóng | together

动手 dòngshǒu | to start work

咬 yǎo | to bite

练习

一、选词填空。

Fill in the blanks with the words given below.

A. 守　　　B. 舒适　　　C. 收益　　　D. 晒

老船夫活了七十年，从二十岁起便_____在这小溪边，多年来送无数人过了河。老人从不在乎_____，他唯一的亲人就是他的孙女翠翠。无论

73

晴天还是雨天他都会守在船头。有时老人困了，躺在溪边的大石上睡着了，有人在对岸要坐船，翠翠就自己跳下船去，敏捷地代替祖父把路人送过小溪。没人过河的时候，老人和翠翠便坐在门前的石头上_____太阳。日子这样过着，也十分_____。

二、根据文章选择正确答案。

Choose the correct answer according to the article.

1. 翠翠的母亲最后怎么样了？（　　　　）

　　A. 嫁给了一个船夫。　　　　　　　　B. 生下翠翠后死了。

　　C. 和父亲一起生活着。　　　　　　　D. 和士兵一起离开了。

2. "翠翠"的名字来源于什么？（　　　　）

　　A. 颜色　　　　　B. 声音　　　　　C. 气味　　　　D. 外貌

三、根据文章判断正误。

Tell right or wrong according to the article.

（　　　）1. 翠翠是老人的女儿。

（　　　）2. 老人做船夫运送来往的行人赚了很多钱。

（　　　）3. 翠翠的父亲去很远的地方工作了。

（　　　）4. 翠翠喜欢和陌生人聊天。

（　　　）5. 老人和翠翠的生活很舒适。

17

婚姻的围城

柔嘉不愿意姑母来把事闹大，但看到丈夫这个样子，再也受不了了，大声说："你是个懦夫！懦夫！懦夫！我不要再看见你这个懦夫！"每个字像鞭子打一样，要鞭出她丈夫的勇气来。她随手抓起桌上一个梳子用力地扔向他。鸿渐正回头要回答，躲闪不及，梳子重重地打到了他的左脸，又掉到地上摔成了两段。

鸿渐吃惊于她真的会动手，看她扶着桌子一动不动，两眼通红，满脸的眼泪，又听到了下面有上楼的声音，就不想再争论什么了，只说："你真过分啊！闹得你家里人知道不够，还要闹得邻居都知道。你不要面子，我还想做人，我要面子的。"他走到门边大声说："我出去了！"柔嘉看他出了房间，倒在沙发里，大声哭了起来。

鸿渐走出门，心情沉重，已经感觉不到寒冷了，只是觉得左脸发烫，思绪就像北风飘雪片的天空。他感到有另外一个自己在说："完了！完了！"他开始觉得伤心，一点力气都没有了，肚子也很饿。鸿渐把手伸进口袋，想买个面包，才记起身上没有钱。他无处可去，想还是回家睡觉，真碰见柔嘉的姑母也不怕她。现在十点多了，也不清楚自己什么时候出来的，或许她早走了。

他一进门，房东太太听见声音，赶紧过来说："方先生，你家夫人不舒服，带了李妈到陆家去了，今天不回来了。这是你房门的钥匙，留下来交给你的。你明天早饭到我家来吃。"鸿渐的心沉了下去，捞不起来，机械地接钥匙，说了声谢谢。房东太太像还有话说，他急忙上楼。开了房门，打开电灯，破杯子和断梳子仍在原处，房间里的箱子少了一只。他呆呆地站着，发不出急，也生不出气。柔嘉走了，可她的样子、她的泪水、她的声音都还留在房间里。鸿渐撕碎了桌上的一张相片，愤怒地大喊："好，你倒自由得很，说走就走！滚，给我滚，你们全给我滚！"随后却又哭个不停。鸿渐倒在床上，觉得房屋都在旋转。

那只老钟响了起来，仿佛积累了半天的时间，只等夜深人静再搬出来一一细数："当、当、当、当、当、当"响了六下。六点钟是五个小时以前，那时候鸿渐在回家的路上走，暗下决心要对柔嘉好，劝她别再为昨天的事伤害到夫妻感情；那时候，柔嘉在家里等鸿渐回来吃晚饭，希望他会跟姑母和好，到她厂里做事。这个不准时的钟无意中包含着对人生的讽刺和感伤，深于一切语言、一切啼笑。

（节选、改编自钱钟书《围城》）

本级词

受不了 shòubuliǎo | cannot stand	相片 xiàngpiàn | photo
随手 suíshǒu | conveniently	积累 jīlěi | to accumulate
上楼 shàng lóu | to go upstairs	包含 bāohán | to contain
争论 zhēnglùn | to argue	
过分 guòfèn | excessive, going too far	
口袋 kǒudai | pocket	
沉 chén | to go down, to sink	
电灯 diàndēng | electric lamp	
箱子 xiāngzi | suitcase	

超纲词

婚姻 hūnyīn | marriage

懦夫 nuòfū | coward

鞭子 biānzi | whip

鞭 biān | to lash

梳子 shūzi | comb

用力 yònglì | to put forth one's strength

扔 rēng | to throw

回头 huítóu | to turn round

躲闪 duǒshǎn | to dodge

于 yú | (indicating the object of an action)

一动不动 yídòng-búdòng | motionlessly

通红 tōnghóng | very red

烫 tàng | scalding

飘 piāo | to float in the air

伸 shēn | to stretch

钥匙 yàoshi | key

捞 lāo | to grab

机械 jīxiè | mechanically

声 shēng | (a measure word used for sounds)

愤怒 fènnù | angry, indignant

滚 gǔn | to get out of here

随后 suíhòu | soon afterwards

旋转 xuánzhuǎn | to spin

仿佛 fǎngfú | as if

一一 yīyī | one by one

细数 xì shǔ | to count carefully

下决心 xià juéxīn | to make up one's mind

劝 quàn | to persuade

无意中 wúyìzhōng | unintentionally

讽刺 fěngcì | to satirize

感伤 gǎnshāng | sadness

啼笑 tíxiào | cry and smile

练习

一、选词填空。

Fill in the blanks with the words given below.

A. 过分　　　B. 随手　　　C. 争论　　　D. 眼泪

　　柔嘉 _____ 抓起桌上一个梳子扔向他。鸿渐正回头要回答，躲闪不及，梳子重重地打到了他的左脸，又掉到地上摔成了两段。

鸿渐吃惊于她真的会动手，看她扶着桌子一动不动，两眼通红，满脸的_____，又听到了下面有上楼的声音，就不想再_____什么了，只说："你真_____啊！闹得你家里人知道不够，还要闹得邻居都知道。"

二、根据文章选择正确答案。

Choose the correct answer according to the article.

1. 柔嘉跟丈夫吵架是因为_____。

    A. 他对人严格   B. 他喜欢闹事

    C. 他没有勇气   D. 他工作不努力

2. 鸿渐为什么又回了家？（   ）

    A. 他觉得自己做错了。

    B. 他没有地方可以去。

    C. 他想回家跟妻子道歉。

    D. 妻子来找他请他回家。

三、根据文章判断正误。

Tell right or wrong according to the article.

（   ）1. 柔嘉扔梳子打到了鸿渐的脸。

（   ）2. 鸿渐不和柔嘉吵架原因之一是他今天上班太累了。

（   ）3. 在鸿渐离开家后，柔嘉也离开了家。

（   ）4. 鸿渐和柔嘉的争吵发生在六点钟。

（   ）5. 那只老钟的不准时无意中讽刺了鸿渐的人生。

18 水乡大淖

　　这地方的名字很怪，叫作"大淖"。全县没有几个人认得这个"淖"字，县境以内也再没有别的叫什么"淖"的地方。

　　"淖"是一片大水。春夏水多时，规模是很大的，比一个湖泊要大得多。淖中间有一条长长的陆地，当地人叫作"沙洲"。沙洲上长满植物。春天，沙洲上茅草和芦荻刚刚长出来，很快就长成一片翠绿了。夏天，茅草、芦荻长得高高的，在微风中不住地点头。秋天，全都枯黄了，就被人割去加到自己的屋顶上去了。冬天下雪时，这里总比别的地方先白。化雪的时候，也比别的地方化得慢。河水上的冰化了，沙洲上的雪还亮晶晶地堆着。从淖里坐船沿沙洲的西面往北走，可以看到村里的几处炕房。绿色的树林间，露出白色的墙壁，上面用黑色的笔写着四个字"鸡鸭炕房"，非常显眼。炕房门外几乎都有一块小小的平地，人们常常坐在那里闲谈。

大淖的南边，有一座绿色的木板房，房顶、地面都是木板的。这里以前是一个轮船公司，靠外的一边是候船的休息室。往里去，到了水边，就是码头。原来有一只小轮船，往来本城和外地，单数日开走，双数日返回。小轮船船体五颜六色的，飘着各个国家的旗子，机器突突地响，烟筒冒着黑烟，来往运送货物，上客、下客，也有卖牛肉、高粱酒、零食、小吃的小商人，是热闹过一阵的。后来因为公司破产了，无法继续营业，就把船卖掉了，这间房子倒是留了下来。现在房子一直空着，只有附近的调皮孩子到候船室来玩儿。

大淖指的是这片水，也指水边的陆地。这里是城区和乡下的交界处。从轮船公司往南，穿过一条巷子，就是北门外东大街了。坐在大淖的水边，可以听到大街上一阵一阵热闹的声音。但是这里的一切和街里不一样。这里没有一家店铺，这里的色彩、声音、气味和街里不一样，这里的人也不一样，他们的生活，他们的风俗，他们的是非标准和街里的人完全不同。

轮船公司东边有一片草房子，这里住的人都是挑东西的人，也就是挑夫。男人、女人、大人、孩子，都靠肩膀吃饭。十三四岁的孩子就开始挑了，一开始挑得少些，后来力气大了，就挑得多了。挑夫们的生活很简单：卖力气，吃饭。他们什么都挑：粮食、货物、竹子还有石灰。因此他们一年三百六十五天都有活干，饿不着。

（节选、改编自汪曾祺《大淖记事》）

本级词

怪 guài | strange

以内 yǐnèi | within

陆地 lùdì | land

冰 bīng | ice

树林 shùlín | woods, forest

几乎 jīhū | almost, nearly

地面 dìmiàn | ground

轮船 lúnchuán | steamship

五颜六色 wǔyán-liùsè | multicoloured

各个 gègè | each

零食 língshí | snacks

小吃 xiǎochī | nosh

破产 pòchǎn | to go bankrupt

营业 yíngyè | to do business

色彩 sècǎi | colour

风俗 fēngsú | custom

挑 tiāo | to carry things on either end of a shoulder pole

超纲词

淖 nào | mire

湖泊 húpō | lake

沙洲 shāzhōu | sandbank

茅草 máocǎo | thatch

芦荻 lúdí | reed

割 gē | to cut

屋顶 wūdǐng | roof

沿 yán | along

炕房 kàngfáng | room with a heated brick bed

墙壁 qiángbì | wall

显眼 xiǎnyǎn | conspicuous, eye-catching

木板 mùbǎn | board, plank

码头 mǎtóu | wharf

往来 wǎnglái | to come and go

返回 fǎnhuí | to return

冒 mào | to emit, to give off

货物 huòwù | goods

一阵 yízhèn | (used to indicate the duration of an action)

城区 chéngqū | city proper

乡下 xiāngxia | village

交界处 jiāojièchù | junction

气味 qìwèi | smell, scent

是非 shìfēi | right and wrong

挑夫 tiāofū | porter

肩膀 jiānbǎng | shoulder

竹子 zhúzi | bamboo

石灰 shíhuī | lime

练习

一、选词填空。

Fill in the blanks with the words given below.

A. 各个　　　B. 营业　　　C. 轮船　　　D. 一阵

大淖的南边，以前是一个_____公司，靠外的一边是候船的休息室。码头上原来有一只小轮船。船体五颜六色，飘着_____国家的旗子。当时那里有卖牛肉、高粱酒、零食、小吃的小商人，是热闹过_____的，后来因为公司破产，无法继续_____了。

二、根据文章选择正确答案。

Choose the correct answer according to the article.

1. 大淖南岸的木板房以前是干什么的？（ 　 ）

　　A. 商铺　　　　　　　　　　　B. 轮船公司

　　C. 农村的炕房　　　　　　　　D. 孩子们的家

2. 为什么大淖南边现在不热闹了？（ 　 ）

　　A. 因为轮船公司破产了。

　　B. 因为大淖这个地方非常乱。

　　C. 因为现在没有孩子过来玩了。

　　D. 因为人们都搬到北门东大街了。

三、根据文章判断正误。

Tell right or wrong according to the article.

（ 　 ）1. 县里有很多名字带"淖"的地方。

（ 　 ）2. 春夏水多时，淖比一个湖泊还要大。

（ 　 ）3. 轮船公司还在的时候，大淖的南边热闹过一段时间。

（ 　 ）4. 大淖指的是一片水域，也指水边的陆地。

（ 　 ）5. 大淖的风俗习惯和北门外东大街上的完全一样。

19

真正的树王

　　登上山后，还没走多久，便望到树王了。队长忽然停下了脚步，支书也不再往前走，我们往前走了几步，才发现巨大的树根间，坐着一个小小的人——肖_{Xiāo}疙瘩_{Gēda}。

　　李立招呼我们说："来吧。"便避开肖疙瘩，走到树王的另一边，上下看了一下，就要动刀。

　　肖疙瘩忽然说话了："学生，那里不是砍的地方。"李立转身看着肖疙瘩，将刀放下，问他："那你说砍哪里呢？"肖疙瘩仍坐着不动，把左手微微抬起，拍一拍右臂："这里。"李立不明白。肖疙瘩张开两只胳膊，平稳地站起来，又用右手指着胸口："这里也行。"大家一下明白了。

李立恼了，激动地说："这棵树就是要砍倒！它这么粗，占了这么多地方。这些地方，完全可以用来种有用的树。"肖疙瘩问："这棵树没有用吗？"李立说："当然没有用。它有什么用途？烧柴？做桌椅？盖房子？它能给村里带来什么收益吗？不能！留着它一点也不实用！"肖疙瘩说："我看有用。我没什么学问，说不来有什么用。可它长成这么大，不容易。它要是个孩子，养它的人不能砍它。"李立烦躁地晃晃头，说："这种野树太多了。种树不是养什么小孩！老肖，帮我们把这棵树王砍倒吧。"肖疙瘩沉默地看着李立，似乎有些疑问，又立即平静下来。

李立用力举起刀，却没有发出砍下来的声音。大家这才发现肖疙瘩一双手早使劲抓住了李立的刀。刀离树王只有半尺。我心下明白，刀是不要想再移动半分了。大家"呀"的一声，纷纷退后，静下来。

寂静中忽然有支书的说话声："肖疙瘩！你疯了！"大家回头一看，支书远远地过来，指一指刀："松开！"李立松开刀，退后了半步。肖疙瘩还是抓着刀，也不说话也不动，就那么站着。支书说："肖疙瘩，你够了！我知道你爱树，你是'树王'。你心里难受，我也清楚。可是这棵树是一定要砍的，这是没法儿阻止的事，你以为你能阻止吗？"

真树王呆呆地立着，一动不动，手慢慢松开。刀"当"的一声落在树根上。李立抬起头，谁也不看，平静地举起刀，砍下去。

（节选、改编自阿成《树王》）

本级词

登山 dēngshān | to mountaineer	烧 shāo | to burn
巨大 jùdà | huge	盖 gài | to build
根 gēn | root	实用 shíyòng | useful
平稳 píngwěn | steady	沉默 chénmò | silent
棵 kē | (a measure word used for plants)	疑问 yíwèn | question, doubt
粗 cū | thick	移动 yídòng | to move
用途 yòngtú | use	松 sōng | to loosen

超纲词

脚步 jiǎobù | step

砍 kǎn | to cut down

胳膊 gēbo | arm (of a person)

柴 chái | firewood

烦燥 fánzào | impatient

晃 huàng | to shake, to sway

野 yě | wild

寂静 jìjìng | silence

练习

一、选词填空。

Fill in the blanks with the words given below.

A. 用途　　　B. 平稳　　　C. 沉默　　　D. 实用

　　肖疙瘩张开两只胳膊，＿＿＿＿＿地站起来，又用右手指着胸口："这里也行。"大家一下明白了。

　　李立恼了，激动地说："这棵树就是要砍倒！它这么粗，占了这么多地方。这些地方，完全可以用来种有用的树！"肖疙瘩问："这棵树没有用吗？"李立说："它有什么＿＿＿＿＿？烧柴？做桌椅？盖房子？它能给村里带来什么收益吗？不能！留着它一点也不＿＿＿＿＿！"……肖疙瘩＿＿＿＿＿地看着李立，似乎有些疑问，又立即平静下来。

二、根据文章选择正确答案。

Choose the correct answer according to the article.

1. 李立为什么要砍那棵树？（　　　　）

　　A. 他认为那棵树并没有用。　　　　B. 他想砍树盖房子做桌椅。

　　C. 他故意让肖疙瘩心里难受。　　　D. 他想把树卖了给村里赚钱。

2. 真正的"树王"指的是谁？（　　　）

    A. 大树　　　　　B. 李立　　　　　C. 村支书　　　　　D. 肖疙瘩

三、根据文章判断正误。

Tell right or wrong according to the article.

（　　　）1. 肖疙瘩坐在树根上是想阻止李立他们砍树。

（　　　）2. 肖疙瘩觉得大树可以用来烧柴、盖房子、做桌椅。

（　　　）3. 李立和肖疙瘩对于大树的看法完全不一样。

（　　　）4. 李立砍树时不小心砍到了肖疙瘩身上。

（　　　）5. 最后树王被肖疙瘩救下来了，没有被砍。

20 白发苏州

 前些年，美国刚刚庆祝过建国200周年。洛杉矶奥运会的开幕式把他们两个世纪的历史表演得十分壮丽。前些天，澳大利亚又在庆祝他们的200周年，海湾里许多轮船争着出发前行，场面非常宏大，确实也激动人心。

 与此同时，我们的苏州城，却悄悄地过了自己2 500岁的生日。时间之长，实在有点让人发晕。

 到了夜里，苏州人穿过2 500年的街道，回到家中，观看美国和澳大利亚国庆的电视转播。窗外，古城门被绿色的植物覆盖着，虎丘塔隐入夜空。

 苏州是我常去的地方。中国的美景多种多样，只有苏州，能让我真正地放松下来。苏州传统的中式园林，独特的街道风格，苏州人轻柔的言语，美丽的面容，处处都让人感到宁静。现实生活常常让人感到心烦，那么，苏州无数古老的建筑轻易让你想象到苏州那无比深厚的历史，令你的心定下来。关于这些古建筑，流传着无数赞美的诗歌和文章，大多是古代诗人独特的感叹，读一读，能够让你心胸都开阔起来。看得多了，也便知道，这些诗人大多也是到这里放松来的。他们不考虑在这儿成就自己的事业，反而在事业成功或者失败之后，却愿意到这里来走走，居住一段时间。苏州，发挥着中国文化后院的作用。

做了那么长时间的后院，我难免感叹，苏州在中国文化史上的地位是不公平的。有一些人，在这里吃饱了，玩够了，回去就写看不起苏州的文字，表达对苏州的失望之情。京城史官的眼光，更是很少在苏州停下。

理由是简单的：苏州缺少"王"的气息。这里没有皇帝居住的宫殿，只有数不清的园林。这里不适合发动战争，只有几座城门。这里的流水太清，这里的桃花太艳，这里的弹唱有点撩人。这里的小吃太甜，这里的茶馆太多，这里的书院太密，这里的书法过于流利，这里的绘画不够苍凉，这里不符合他们的想象。

于是，苏州，承受着种种的误会，不在乎别人的偏见。只是默默地端坐着，却不愿去追求那份王气。

漫步在苏州的小巷中是一种奇特的体验。一排排鹅卵石，一级级台阶，一座座门庭，门都关闭着，让你去猜想它里面有什么，猜想它以前、很早以前的主人。想得再奇也不要紧，2 500年的时间，什么事情都可能发生。

（节选、改编自余秋雨《白发苏州》）

本级词

街道 jiēdào | street

多种 duōzhǒng | various

多样 duōyàng | diversified

传统 chuántǒng | traditional

宁静 níngjìng | peaceful

烦 fán | upset

大多 dàduō | mostly

诗人 shīrén | poet

难免 nánmiǎn | hard to avoid

看不起 kànbuqǐ | to despise

密 mì | dense

符合 fúhé | to accord with

默默 mòmò | quietly, silently

关闭 guānbì | to close

超纲词

奥运会 Àoyùnhuì | Olympic Games

开幕式 kāimùshì | opening ceremony

壮丽 zhuànglì | magnificent

海湾 hǎiwān | gulf

场面 chǎngmiàn | scene, spectacle

宏大 hóngdà | grand

与此同时 yǔcǐ-tóngshí | meanwhile

悄悄 qiāoqiāo | quietly

转播 zhuǎnbō | to rebroadcast

隐 yǐn | to hide

美景 měijǐng | beautiful scenery

园林 yuánlín | garden

处处 chùchù | every place

古老 gǔlǎo | ancient

建筑 jiànzhù | architecture

无比 wúbǐ | incomparably

诗歌 shīgē | poem

心胸 xīnxiōng | breadth of mind

情 qíng | feeling, emotion

史官 shǐguān | historiographer

气息 qìxī | scent

流水 liúshuǐ | flowing water

桃花 táohuā | peach blossom

弹 tán | to play (a musical instrument)

书法 shūfǎ | calligraphy

绘画 huìhuà | painting

苍凉 cāngliáng | desolate

种种 zhǒngzhǒng | all kinds of

偏见 piānjiàn | prejudice, bias

奇特 qítè | peculiar

鹅卵石 éluǎnshí | cobblestone

练 习

一、选词填空。

Fill in the blanks with the words given below.

A. 深厚　　　B. 风格　　　C. 流传　　　D. 宁静

　　中国的美景多种多样，只有<u>苏州</u>，能让我真正地放松下来。<u>苏州</u>传统的中式园林，独特的街道_____，<u>苏州</u>人轻柔的言语，美丽的面容，处处都让人感到_____。现实生活常常让人感到心烦，那么，<u>苏州</u>无数古老的建筑轻易让你想象到<u>苏州</u>那无比_____的历史，令你的心定下来。关于这些古建筑，_____着无数赞美的诗歌和文章，大多是古代诗人独特的感叹，读一读，能够让你心胸都开阔起来。

二、根据文章选择正确答案。

Choose the correct answer according to the article.

1. 作者为什么喜欢<u>苏州</u>？（　　　　）

   A. 他是在<u>苏州</u>长大的。　　　　　B. <u>苏州</u>让他觉得很放松。

   C. <u>苏州</u>的景色是最美的。　　　　C. <u>苏州</u>有很多现代诗人。

2. <u>苏州</u>的中式园林和街道、<u>苏州</u>人的言语和面容，处处都让人感到_____。

   A. 心烦　　　　　　　　　　　　　B. 孤单

   C. 奇特　　　　　　　　　　　　　D. 宁静

三、根据文章判断正误。

Tell right or wrong according to the article.

(   ) 1. 苏州刚刚过了它的200岁生日。

(   ) 2. 你能在苏州看到很多中式的园林。

(   ) 3. 古代诗人很喜欢在苏州发展事业。

(   ) 4. 苏州是一个很有文化气息的城市。

(   ) 5. 苏州有皇帝居住的宫殿，有数不清的园林。

练习参考答案

1 《论语》故事两则
一、C D B A
二、1. D 2. B
三、× √ × √ √

2 忧心的杞国人
一、C B A D
二、1. B 2. C
三、√ × √ × √

3 不懂装懂的南郭先生
一、③⑤⑦①⑥②④
二、1. D 2. B
三、× × √ √ √

4 目光长远的塞翁
一、D A B C
二、1. A 2. B
三、√ × √ √ √

5 表里不一的叶公
一、D B C A
二、1. A 2. D
三、√ × √ √ ×

6 纸上谈兵的赵括
一、C D A B
二、1. A 2. B
三、√ × × √ √

7 完璧归赵
一、D B A C
二、1. A 2. B
三、× √ × √ √

8 花木兰替父从军
一、D C A B
二、1. A 2. B
三、× √ × × √

9 闻鸡起舞的祖逖
一、D B C A
二、1. D 2. B
三、× √ √ × √

10 半面铜镜
一、D B C A
二、1. C 2. A
三、× × × √ √

11 杨时程门立雪
一、C A D B
二、1. D 2. C
三、× √ × × √

12 神童方仲永
一、D A C B
二、1. C 2. B
三、× × √ √ √

13 林黛玉初入贾府
一、A B C D
二、1. C 2. D
三、√ × √ × √

14 故乡
一、D C B A
二、1. C 2. D
三、√ √ × × √

15 背影
一、D A B C
二、1. C 2. B
三、× √ √ √ √

16 翠翠
一、A C D B
二、1. B 2. A
三、× × × × √

17 婚姻的围城

　　一、B　　D　　C　　A

　　二、1. C　2. B

　　三、√　　×　　√　　×　　√

18 水乡大淖

　　一、C　　A　　D　　B

　　二、1. B　2. A

　　三、×　　√　　√　　√　　×

19 真正的树王

　　一、B　　A　　D　　C

　　二、1. A　2. D

　　三、√　　×　　√　　×　　×

20 白发苏州

　　一、B　　D　　A　　C

　　二、1. B　2. D

　　三、×　　√　　×　　√　　×

词汇表

图书在版编目（CIP）数据

文学故事 / 沈灿淑，孙素行编 . -- 上海：上海外
语教育出版社，2024. --（阅读中国·外教社中文分级系
列读物 / 程爱民总主编）. -- ISBN 978-7-5446-7433-1

Ⅰ. H195.5

中国国家版本馆CIP数据核字第2024U0Y084号

本书部分文字作品著作权由中国文字著作权协会授权，电话：010-65978917，
传真：010-65978926，E-mail: wenzhuxie@126.com。

出版发行：**上海外语教育出版社**

（上海外国语大学内） 邮编：200083

电　　话：021-65425300 (总机)

电子邮箱：bookinfo@sflep.com.cn

网　　址：http://www.sflep.com

责任编辑：杨莹雪

印　　刷：上海信老印刷厂

开　　本：787×1092　1/16　印张 7.25　字数 130 千字

版　　次：2025 年 2 月第 1 版　2025 年 2 月第 1 次印刷

书　　号：ISBN 978-7-5446-7433-1

定　　价：39.00 元

本版图书如有印装质量问题，可向本社调换
质量服务热线：4008-213-263